Vaga Música

Cecília Meireles

Cecília Meireles

Apresentação
João Cezar de Castro Rocha

Coordenação Editorial
André Seffrin

© Condomínio dos Proprietários dos Direitos Intelectuais
de Cecília Meireles
Direitos cedidos por Solombra – Agência Literária
(solombra@solombra.org)

2ª Edição, Global Editora, São Paulo 2013
1ª Reimpressão, 2023

Jefferson L. Alves – diretor editorial
Gustavo Henrique Tuna – editor assistente
André Seffrin – coordenação editorial, estabelecimento
de texto, cronologia e bibliografia
Flávio Samuel – gerente de produção
Julia Passos – assistente editorial
Tatiana Y. Tanaka – revisão
Reverson R. Diniz – capa
Desenho de mulher com alaúde, de Cecília Meireles –
ilustração de capa
Eduardo Okuno – projeto gráfico

A Global Editora agradece à Solombra – Agência Literária pela
gentil cessão dos direitos de imagem de Cecília Meireles.

CIP BRASIL. Catalogação na fonte
Sindicato Nacional dos Editores de Livros, RJ

M453v

Meireles, Cecília, 1901-1964
    Vaga música / Cecília Meireles ; apresentação João Cezar de
Castro Rocha ; coordenação editorial André Seffrin. – [2.ed.]. –
São Paulo : Global, 2013.

    Inclui bibliografia e índice
    ISBN 978-85-260-1768-9

    1. Poesia brasileira. II. Título.

12-7482.   CDD: 869.91
                                                                                               CDU: 821.134.3(81)-1

Obra atualizada conforme o
NOVO ACORDO ORTOGRÁFICO DA LÍNGUA PORTUGUESA

Global Editora e Distribuidora Ltda.
Rua Pirapitingui, 111 – Liberdade
CEP 01508-020 – São Paulo – SP
Tel.: (11) 3277-7999
e-mail: global@globaleditora.com.br

- grupoeditorialglobal.com.br
- @globaleditora
- /globaleditora
- @globaleditora
- /globaleditora
- /globaleditora
- blog.grupoeditorialglobal.com.br

Direitos reservados.
Colabore com a produção científica e cultural.
Proibida a reprodução total ou parcial desta
obra sem a autorização do editor.

Nº de Catálogo: **3419**

Acervo pessoal de Cecília Meireles

Sumário

"Raízes fora do tempo": a perenidade de Cecília Meireles –
João Cezar de Castro Rocha 11

Ritmo 21

Epitáfio da navegadora 22

O Rei do Mar 23

Mar em redor 24

Pequena canção da onda 25

Canção da menina antiga 26

Regresso 27

Epigrama 28

Agosto 29

Música 30

Canção excêntrica 31

Canção quase inquieta 32

Vigília do Senhor Morto 34

Viagem 35

Epigrama do espelho infiel 37

Exílio 38

Canção do caminho 40

O ressuscitante 41

Recordação 42

Inscrição na areia 43

Canções do mundo acabado 44

Canção quase melancólica 46

A doce canção 47

A mulher e a tarde 48

Canção de alta noite 49

Partida 50

Embalo da canção 51

Em voz baixa 52

Canção suspirada 53

Lembrança rural 54

Descrição 55

Velho estilo 57

Velho estilo 58

Canção mínima 60

A vizinha canta 61

Pequena canção 62

Cançãozinha de ninar 63

Embalo 64

Ponte 65

Visitante 67

Gaita de lata 68

Despedida 69

Tardio canto 70

Cantiga do véu fatal 71

Pergunta 73

Serenata ao menino do hospital 74

Aluna 76

Pequena flor 77

Memória	78
Mau sonho	80
Retrato falante	81
Canção nas águas	83
Ida e volta em Portugal	84
Solilóquio do novo Otelo	86
A dona contrariada	90
Modinha	92
Canção a caminho do céu	93
Epigrama	94
Idílio	95
Soledad	96
Canção do carreiro	98
Interlúdio	100
Domingo de feira	101
Mexican list and tourists	103
Canção da tarde no campo	105
Madrigal da sombra	107
Passam anjos	108
Campos verdes	109
Para uma cigarra	110
Encomenda	111
Confissão	112
Naufrágio antigo	113
Explicação	117
Romancinho	118
Rosto perdido	120
Elegia	121
Reinvenção	122
Canção do deserto	123

Lua adversa 124

Canção para remar 125

Chorinho 126

Monólogo 127

Fantasma 128

Panorama 129

Da bela adormecida 130

Itinerário 133

Canção dos três barcos 134

Eco 136

Imagem 138

Cantiguinha 139

Roda de junho 140

Rimance 141

Deus dança 143

Despedida 144

Trabalhos da terra 145

Amém 146

Narrativa 147

Alucinação 148

A amiga deixada 151

A mulher e o seu menino 153

Oráculo 155

Cronologia 157

Bibliografia básica sobre Cecília Meireles 165

Índice de primeiros versos 173

"Raízes fora do tempo":
a perenidade de Cecília Meireles

O lugar de um livro

Publicado em 1942, *Vaga música* ajuda a esclarecer o lugar especial ocupado por Cecília Meireles na literatura brasileira. De fato, ela começou a marcar seu nome em meio à eclosão do modernismo de 1922. No entanto, desde as primeiras publicações, Cecília se manteve deliberadamente alheia à necessidade de afirmar-se através da negação programática do passado. Pelo contrário, buscou renovar as fontes clássicas do lirismo luso-brasileiro, retomando, com raro domínio técnico, metros tradicionais, e revigorando, com sensibilidade contemporânea, formas como a canção, o terceto, o romance, entre outras. E não se esqueça do simbolismo, pois, como os estudiosos de sua obra sempre destacaram, a centralidade da música e do espiritualismo na sua visão de mundo muito deve à estética simbolista. Nesse sentido, os poemas coligidos em *Vaga música* levam adiante a fatura literária de *Viagem* (1939), recordando uma autêntica arqueologia poética da tradição.

Não se pense, porém, na imagem equivocada de uma poesia de antiquário! Na verdade, os versos de Cecília Meireles transcendem o tempo imediato, projetando-se no horizonte da experiência literária, cuja atualidade é assegurada pela permanência de um fiel público leitor.

"Flores vivas ainda"

Os versos de "Itinerário" podem ser lidos como um esclarecimento do motivo próprio à atitude poética de Cecília Meireles; atitude essa que estrutura os poemas de *Vaga música*:

> Achei lugares serenos
>
> e aromas de fonte extinta.
>
> Raízes fora do tempo,
>
> com flores vivas ainda.[1]

"Fora do tempo", pois a temporalidade da poesia não se mede pela exatidão desinteressante da cronologia, porém pela simultaneidade inventada no ato de leitura. Por isso, em determinados poemas de *Vaga música*, Cecília Meireles dialogou tanto com formas tradicionais quanto com a poesia portuguesa contemporânea. Entre nós, ela foi pioneira no reconhecimento da importância de Fernando Pessoa. De fato, no prefácio da antologia *Poetas novos de Portugal* (1944),[2] concedeu lugar de destaque à obra do autor de *Mensagem*. De modo ainda mais significativo, Cecília construiu alguns dos poemas de *Vaga música* elaborando uma temática contígua a obsessões tipicamente pessoanas. Recordem-se, por exemplo, os versos de "Canção quase inquieta":

> De um lado, a eterna estrela,
>
> e do outro a vaga incerta, [...]

---

[1] MEIRELES, Cecília. "Itinerário". In: _____. *Vaga música*. São Paulo: Global Editora, 2013, p. 133.
[2] Idem [seleção e prefácio]. *Poetas novos de Portugal*. Rio de Janeiro: Livros de Portugal, 1944.

E eu me partindo, dentro de mim,

para estar no mesmo momento

de ambos os lados.

Os versos finais do poema acrescentam uma bela e definitiva metáfora ao motivo da personalidade cindida:

Que eu sou gota de mercúrio,

dividida,

desmanchada pelo chão... [3]

Lembrem-se, ainda, dos versos de "Lua adversa":

Não me encontro com ninguém

(tenho fases, como a lua...).

No dia de alguém ser meu

não é dia de eu ser sua...

E, quando chega esse dia,

o outro desapareceu... [4]

Além de lidar com temas caros a Fernando Pessoa, Cecília deu um passo ousado, virando de ponta-cabeça o impasse de uma subjetividade que não pode senão desencontrar-se do mundo e, sobretudo, de si mesma. O poema "Reinvenção" sugere um modo afirmativo de enfrentar o dilema:

---

[3] Idem. "Canção quase inquieta". In: _____. *Vaga música*, op. cit., p. 32-33.
[4] Idem. "Lua adversa". In: Ibidem, p. 124.

A vida só é possível

reinventada.

Nos versos finais do poema, a repetição, quase litúrgica, do substantivo *vida* materializa o gesto de reinvenção, transformando o óbice em matéria-prima para a criação poética:

Porque a vida, a vida, a vida,

a vida só é possível

reinventada.[5]

Mário de Andrade compreendeu perfeitamente o projeto de Cecília. No calor da hora, analisou os poemas reunidos em *Viagem*. Para o autor de *Macunaíma*, a autora de *Espectros* (1919)[6] destacava-se por "demonstra[r] firme resistência a qualquer adesão passiva. Ela é dessas artistas que tiram seu ouro onde o encontram, escolhendo por si, com rara independência."[7]

Os versos de "Aluna" reluzem nesse horizonte:

Leva sempre a minha imagem

a submissa rebeldia

dos que estudam todo o dia

sem chegar à aprendizagem...[8]

---

[5] Idem. "Reinvenção". In: Ibidem, p. 122.

[6] Acerca da poesia de *Espectros* e, sobretudo, da redescoberta do livro que parecia irremediavelmente desaparecido, ver: SECCHIN, Antonio Carlos. "Poesia completa, de Cecília Meireles: a edição do centenário". In: _____. *Escritos sobre poesia & alguma ficção*. Rio de Janeiro: EdUERJ, 2003, p. 161-162.

[7] ANDRADE, Mário de. "Em face da poesia moderna". In: MEIRELES. *Obra poética* [estudo crítico de Darcy Damasceno]. Rio de Janeiro: José Aguilar Editora, 1967, p. 47. O artigo de Mário foi publicado em 26 de novembro de 1939 e reunido em *O empalhador de passarinho*.

[8] MEIRELES. "Aluna". In: _____. *Vaga música*, op. cit, p. 76.

"Submissa rebeldia" é um belo oximoro, cujo sentido remete ao laborioso trabalho de assenhorear-se da tradição.

Trata-se de via de mão dupla.

De um lado, não basta submeter-se às formas do passado, pois, nesse caso, o poeta nunca encontraria sua voz. De outro, rebelar-se sistematicamente, num afã adolescente de estar sempre atualizado, limita o horizonte da criação ao apressado aqui e agora. A arte de Cecília oscila entre os dois polos e essa é a razão pela qual a aprendizagem permanece uma meta, em lugar de confundir-se com um resultado final. Daí, na leitura aguda de Antonio Carlos Secchin, o procedimento é destacado, como se a poesia permitisse imaginar a descoberta do moto contínuo: "Em Cecília, a canção é incansável: cantora do próprio ato de cantar, a poeta se multiplica (...)". [9]

Ora, como os versos de "Partida" anunciam:

> Os outros não sentem que estou de partida,
> sem mapa, sem guia – com data marcada. [10]

De igual modo, os versos de "Despedida" retomam e aprofundam a vivência característica de sua arte poética:

> Adeus,
> que é tempo de marear! [...]

---

[9] SECCHIN. "Cecília: a interessante canção". In: _____. *Escritos sobre poesia & alguma ficção*, op. cit., p. 154. Eis a íntegra da citação, que encarece a centralidade da música na sua obra: "Em Cecília, a canção é incansável: cantora do próprio ato de cantar, a poeta se multiplica nos inúmeros acalantos, árias, bailes, baladas, canções, cantares, cantatas, cânticos, cantos, cantigas, chorinhos, concertos, danças, improvisos, interlúdios, madrigais, melodias, modinhas, noturnos, motivos, músicas, oratórios, pregões, prelúdios, ritmos, serenatas, suítes e valsas que integram o título de seus poemas e livros".
[10] MEIRELES. "Partida". In: _____. *Vaga música*, op. cit, p. 50.

Perdi meu lenço e meu passaporte,

– senhas inúteis de ir e chegar. [11]

"Coisas de hoje, antigas, futuras..."

No poema "Eterno", publicado em *Fazendeiro do ar* (1954), Carlos Drummond de Andrade plasmou as transformações de sua experiência poética em versos sempre lembrados:

E como ficou chato ser moderno.

Agora serei eterno. [12]

Na opção estética de Cecília Meireles, tal dilema é simplesmente ocioso, pois ela nunca desejou ser "moderna", no sentido usual atribuído ao termo. Por isso mesmo, poucos poetas conseguiram estabelecer um diálogo tão próximo e produtivo com épocas diversas. Desde seus primeiros livros, Cecília conquistou um público leitor fiel e, ao mesmo tempo, obteve um reconhecimento imediato da crítica. [13]

Vejamos apenas alguns poucos exemplos da repercussão continuada de sua obra.

Em 1973, Luiz Carlos Lacerda dirigiu o curta-metragem *O sereno desespero*,[14] no qual uma coletânea de imagens é engenhosamente organizada a partir de versos clássicos de Cecília. Num

---

[11] Idem. "Despedida". In: Ibidem, p. 69.

[12] ANDRADE, Carlos Drummond de. "Eterno". In: _____. *Fazendeiro do ar*: poesia e prosa [org. do autor]. Rio de Janeiro: Editora Nova Aguilar, 1988, p. 256.

[13] As palavras de Afrânio Coutinho são reveladoras: "Poucos poetas brasileiros terão sido coroados do êxito de Cecília Meireles, como prova se haverem esgotado rapidamente todos os seus livros. Por outro lado, raros terão, como ela, tão unânime consagração por parte da crítica". Ver: COUTINHO, Afrânio. "Nota Editorial". In: MEIRELES. *Obra poética*, op. cit., p. 11.

[14] LACERDA, Luiz Carlos. *O sereno desespero*. Rio de Janeiro: Paraíso Filmes, 1973, 11 minutos.

plano ainda mais popular, em 1978, Fagner musicou os versos de "Motivo",[15] poema de *Viagem* (1939), obtendo um dos maiores êxitos de sua carreira.[16] Os versos, premiados pela Academia Brasileira de Letras em 1938,[17] soaram atualíssimos quarenta anos depois de sua escrita, como ainda hoje em dia permanecem atuais.

Por fim, em 2001, um dos mais importantes escritores brasileiros contemporâneos, Luiz Ruffato, prestou uma significativa homenagem à poesia de Cecília. *Eles eram muitos cavalos*, seu romance mais premiado, foi batizado com versos de *Romanceiro da Inconfidência*. Nesta obra, Cecília lançou mão de apurada técnica para reconstruir, com sensibilidade poética, um episódio histórico. Ruffato concilia experimentação linguística e preocupação social, resgatando as aspirações e as vicissitudes daqueles que "[...] ninguém mais sabe os seus nomes,/ sua pelagem, sua origem...".[18] Nos dois casos, portanto, experimentação e narrativa não se opõem; pelo contrário, são dois lados da mesma moeda.

Nesse sentido, um verso de "Retrato falante" parece concentrar a força da visão poética de Cecília Meireles:

Coisas de hoje, antigas, futuras... [19]

---

[15] MEIRELES. "Motivo". In: _____. *Viagem* [apresentação Alfredo Bosi]. São Paulo: Global Editora, 2012, p. 20.

[16] FAGNER, Raimundo. *Eu canto (Quem viver chorará)*. Rio de Janeiro: CBS, 1978.

[17] Neste ano, o livro *Viagem*, reunindo a produção poética de Cecília Meireles de 1929 a 1937, recebeu o prêmio de poesia da Academia Brasileira de Letras, e foi publicado, em 1939, em Portugal.

[18] Versos extraídos do "Romance LXXXIV ou Dos cavalos da Inconfidência": "Eles eram muitos cavalos,/ mas ninguém mais sabe os seus nomes,/ sua pelagem, sua origem...". MEIRELES. In: _____. *Romanceiro da Inconfidência* [apresentação Alberto da Costa e Silva]. São Paulo: Global Editora, 2012, p. 233.

[19] MEIRELES. "Retrato Falante". In: _____. *Vaga música*, op. cit., p. 81.

"Coisas futuras", repetiu tantas vezes o Conselheiro Aires.[20] Na tradução de Cecília, os tempos históricos se associam, sem hierarquia e muito menos linearidade.[21] Talvez um dos segredos da perenidade de sua poesia resida precisamente na forma livre com que selecionou seus materiais e estabeleceu seus diálogos poéticos. Liberdade expressa nos versos de "Narrativa":

> Se me chamavam de longe,
> se me chamavam de perto,
> era perdida, a chamada... [22]

Afinal, a autora de *Ou isto ou aquilo* (1964) sempre soube que a melhor poesia não toma decisões monocromáticas:

> Mas não consegui entender ainda
> qual é melhor: se é isto ou aquilo. [23]

Daí, a importância da presente reedição de *Vaga música*, permitindo ao leitor de Cecília Meireles apreender a progressiva elaboração de temas fundamentais em sua obra.

João Cezar de Castro Rocha

---

[20] Aliás, a forma inovadora de lidar com os tempos diversos da tradição literária reúnem Machado de Assis e Cecília Meireles.

[21] Cite-se uma definição precisa do trânsito entre tempos históricos diversos: "Poucos poetas no Brasil surgiram de um húmus de tal maneira ancestral da índole da língua, e poucos conseguiram ser, paradoxalmente, mais modernos, e, a negação disso, mais intemporais". BUENO, Alexei. In: _____. *Uma história da poesia brasileira*. Rio de Janeiro: G. Ermakoff Casa Editorial, 2007, p. 317.

[22] MEIRELES. "Narrativa". In: _____. *Vaga música*, op. cit., p. 147.

[23] Idem. "Ou isto ou aquilo". In: _____. *Ou isto ou aquilo*. São Paulo: Global Editora, 2012, p. 63.

Vaga música

Ritmo

O ritmo em que gemo
    doçuras e mágoas
    é um dourado remo
    por douradas águas.

    Tudo, quando passo,
    olha-me e suspira.
    – Será meu compasso
    que tanto os admira?

Epitáfio da navegadora

A Gastón Figueira

Se te perguntarem quem era
    essa que às areias e gelos
    quis ensinar a primavera;

    e que perdeu seus olhos pelos
    mares sem deuses desta vida,
    sabendo que, de assim perdê-los,

    ficaria também perdida;
    e que em algas e espumas presa
    deixou sua alma agradecida;

    essa que sofreu de beleza
    e nunca desejou mais nada;
    que nunca teve uma surpresa

    em sua face iluminada,
    dize: "Eu não pude conhecê-la,
    sua história está mal contada,

    mas seu nome, de barca e estrela,
    foi: SERENA DESESPERADA".

O Rei do Mar

Muitas velas. Muitos remos.
        Âncora é outro falar...
Tempo que navegaremos
não se pode calcular.
Vimos as Plêiades. Vemos
agora a Estrela Polar.
Muitas velas. Muitos remos.
Curta vida. Longo mar.

Por água brava ou serena
deixamos nosso cantar,
vendo a voz como é pequena
sobre o comprimento do ar.
Se alguém ouvir, temos pena:
só cantamos para o mar...

Nem tormenta nem tormento
nos poderia parar.
(Muitas velas. Muitos remos.
Âncora é outro falar...)
Andamos entre água e vento
procurando o Rei do Mar.

Mar em redor

Meus ouvidos estão como as conchas sonoras:
música perdida no meu pensamento,
na espuma da vida, na areia das horas...

Esqueceste a sombra no vento.
Por isso, ficaste e partiste,
e há finos deltas de felicidade
abrindo os braços num oceano triste.

Soltei meus anéis nos aléns da saudade.
Entre algas e peixes vou flutuando a noite inteira.
Almas de todos os afogados
chamam para diversos lados
esta singular companheira.

Pequena canção da onda

Os peixes de prata ficaram perdidos,
com as velas e os remos, no meio do mar.
A areia chamava, de longe, de longe,
ouvia-se a areia chamar e chorar!

A areia tem rosto de música
e o resto é tudo luar!

Por ventos contrários, em noite sem luzes,
do meio do oceano deixei-me rolar!
Meu corpo sonhava com a areia, com a areia,
desprendi-me do mundo do mar!

Mas o vento deu na areia.
A areia é de desmanchar.
Morro por seguir meu sonho,
longe do reino do mar!

Canção da menina antiga

A Diogo de Macedo

Esta é a dos cabelos louros
e da roupinha encarnada,
que eu via alimentar pombos,
sentadinha numa escada.

Seus cabelos foram negros,
seus vestidos de outras cores,
e alimentou, noutros tempos,
a corvos devoradores.

Seu crânio estará vazio,
seus ossos sem vestimenta,
– e a terra haverá sabido
o que ela ainda alimenta.

Talvez Deus veja em seus sonhos
– ou talvez não veja nada –
que essa é a dos cabelos louros
e da roupinha encarnada,

que do alto degrau do dia
às covas da noite, escuras,
desperdiçou sua vida
pelas outras criaturas...

Regresso

A L. F. Xammar

(Campo perdido.
Músicas suspirando,
ai! sem meu ouvido!)

Bois esperam, mirando:
corpo cheio de céu, luas
nos olhos recordativos.

Rodas, charruas,
sol, abelhas...
Colar de prata dos rios
sobre gargantas vermelhas.

(Eu andava batalhando
– ai! como andei batalhando! –
com mortos e vivos,
campo!)

Levai-me a esses longes verdes,
cavalos do vento!
Pois o tempo está chorando
por não ver colhido
meu contentamento!

Epigrama

A serviço da Vida fui,
a serviço da Vida vim;

só meu sofrimento me instrui,
quando me recordo de mim.

(Mas toda mágoa se dilui:
permanece a Vida sem fim.)

Agosto

Sopra, vento, sopra, vento,
ai, vento do mês de agosto,
passa por sobre o meu rosto
e sobre o meu pensamento.
Vai levando meu desgosto!

Lança destes altos montes
às frias covas do oceano
meu sonho sem horizontes,
claro, puro e sobre-humano.

Sem saudade mais nenhuma
te ofereço meus segredos,
para serem flor de espuma
que a praia mova em seus dedos,
quando se vestir de bruma...

Mova entre a lua inconstante
e a inconstantíssima areia,
que todo o mundo assim creia
meu sonho morto e distante,

morto, distante, acabado,
ó vento do céu profundo!
que tudo é bom, no passado,
que nos fez sofrer, no mundo,
ao ter de ser suportado...

Música

Do lado de oeste,
do lado do mar,
há rosas silvestres
para respirar,
e o chão se reveste
de musgos de luar.

Do lado de oeste,
do lado do mar,
há um suave cipreste
para me embalar.
Pássaros celestes
me virão cantar.

Coração sem mestre,
sonho sem lugar,
quem há que me empreste
barco de embarcar?

Do lado de oeste,
do lado do mar,
descerei com Vésper
até me encantar.
Quero estar inerte,
sob a chuva e o luar.

Tu, que me fizeste,
me virás buscar,
do lado de oeste,
do lado do mar?

Canção excêntrica

Ando à procura de espaço
para o desenho da vida.
Em números me embaraço
e perco sempre a medida.
Se penso encontrar saída,
em vez de abrir um compasso,
projeto-me num abraço
e gero uma despedida.

Se volto sobre o meu passo,
é já distância perdida.

Meu coração, coisa de aço,
começa a achar um cansaço
esta procura de espaço
para o desenho da vida.
Já por exausta e descrida
não me animo a um breve traço:
– saudosa do que não faço,
– do que faço, arrependida.

Canção quase inquieta

De um lado, a eterna estrela,
e do outro a vaga incerta,

meu pé dançando pela
extremidade da espuma,
e meu cabelo por uma
planície de luz deserta.

Sempre assim:
de um lado, estandartes do vento...
– do outro, sepulcros fechados.
E eu me partindo, dentro de mim,
para estar no mesmo momento
de ambos os lados.

Se existe a tua Figura,
se és o Sentido do Mundo,
deixo-me, fujo por ti,
nunca mais quero ser minha!

(Mas, neste espelho, no fundo
desta fria luz marinha,
como dois baços peixes,
nadam meus olhos à minha procura...
Ando contigo – e sozinha.
Vivo longe – e acham-me aqui...)

Fazedor da minha vida,
não me deixes!
Entende a minha canção!
Tem pena do meu murmúrio,
reúne-me em tua mão!

Que eu sou gota de mercúrio,
dividida,
desmanchada pelo chão...

Vigília do Senhor Morto

Teu rosto passava, teu nome corria

por esses lugares do sol e da lua.
    Como se contava a tua biografia!

    E eu, pela esperança de poder ser tua,
    como vim de longe, teimando com a terra,
    deixando suspiros para cada rua!

    Guerreiro cortado de injúrias de guerra
    não trouxe consigo nenhuma ferida
    como esta que tenho e que já se não cerra.

    Por tanta subida, por tanta descida,
    aqui dou contigo, no teu morto leito,
    eu, que vim por ti salvando a minha vida!

    Fria sombra, apenas, teu rosto perfeito.
    Covas de cegueira, teus olhos, apenas.
    Muro de silêncio teu tombado peito.

    Sangue que tiveste, por perdidas cenas
    derramou-se, longe, e é pó do pó sem glória,
    preso no destino das coisas terrenas.

    Por que serei triste com a minha memória,
    diante do teu corpo sem auréolas? Triste
    pela minha viagem? pela tua história?

    Este é o Senhor Morto – e este, somente, existe.

    Noite de vigília, sem mais esperança,
    alguma coisa em mim o assiste
    que não se vai, que não se cansa.

Viagem

No perfume dos meus dedos,
há um gosto de sofrimento,
como o sangue dos segredos
no gume do pensamento.

Por onde é que vou?

Fechei as portas sozinha.
Custaram tanto a rodar!
Se chamasse, ninguém vinha.
Para que se há de chamar?

Que caminho estranho!

Eras coisa tão sem forma,
tão sem tempo, tão sem nada...
– arco-íris do meu dilúvio! –
que nem podias ser vista
nem quase mesmo pensada.

Ninguém mais caminha?

A noite bebeu-te as cores
para pintar as estrelas.
Desde então, que é dos meus olhos?
Voaram de mim para as nuvens,
com redes para prendê-las.

Quem te alcançará?

Dentro da noite mais densa,
navegarei sem rumores,
seguindo por onde fores
como um sonho que se pensa.

Por onde é que vou?

Epigrama do espelho infiel

A João de Castro Osório

Entre o desenho do meu rosto
e o seu reflexo,
meu sonho agoniza, perplexo.

Ah! pobres linhas do meu rosto,
desmanchadas do lado oposto,
e sem nexo!

E a lágrima do seu desgosto
sumida no espelho convexo!

Exílio

Das tuas águas tão verdes
nunca mais me esquecerei.
Meus lábios mortos de sede
para as ondas inclinei.
Romperam-se em teus rochedos:
só bebi do que chorei.

Perderam-se os meus suspiros
desanimados, no vento.
Recordo tanto o martírio
em que andou meu pensamento!
E meus sonhos ainda giram
como naquele momento.

Os marinheiros cantavam.
Ai, noite do mar nascida!
Estrelas de luz instável
saíam da água perdida.
Pousavam como assustadas
em redor da minha vida.

Dos teus horizontes quietos
nunca mais me esquecerei.
Por longe que ande, estou perto.
Toda em ti me encontrarei.
Foste o campo mais funesto
por onde me dissipei.

Remos de sonho passavam
por minha melancolia.
Como um náufrago entre os salvos,
meu coração se volvia.
– Mas nem sombra de palavras
houve em minha boca fria.

Não rogava. Não chorava.
Unicamente morria.

Canção do caminho

Por aqui vou sem programa,
sem rumo,
sem nenhum itinerário.
O destino de quem ama
é vário,
como o trajeto do fumo.

Minha canção vai comigo.
Vai doce.
Tão sereno é seu compasso
que penso em ti, meu amigo.
– Se fosse,
em vez da canção, teu braço!

Ah! mas logo ali adiante
– tão perto! –
acaba-se a terra bela.
Para este pequeno instante,
decerto,
é melhor ir só com ela.

(Isto são coisas que digo,
que invento,
para achar a vida boa...
A canção que vai comigo
é a forma de esquecimento
do sonho sonhado à toa...)

O ressuscitante

A Ester de Cáceres

Meus pés, minhas mãos,
meu rosto, meu flanco,
– fogo de papoulas!
E hoje, lírio branco!

Pela minha boca,
por minhas olheiras,
– arroios partidos!
E hoje, albas inteiras!

Eu era o guardado
de sinistras covas!
E hoje visto nuvens
cândidas e novas!

Vi apodrecendo,
com dor, sem lamento,
meu corpo, meu sonho
e meu pensamento!

E hoje, sou levado
por entre as caídas
coisas, – transparente!

(Aroma sem nardo!
Fuga sem violência!)

E de cada lado
choram doloridas
mãos de antiga gente.

Recordação

Agora, o cheiro áspero das flores
leva-me os olhos por dentro de suas pétalas.

Eram assim teus cabelos;
tuas pestanas eram assim, finas e curvas.

As pedras limosas, por onde a tarde ia aderindo,
tinham a mesma exalação de água secreta,
de talos molhados, de pólen,
de sepulcro e de ressurreição.

E as borboletas sem voz
dançavam assim veludosamente.

Restitui-te na minha memória, por dentro das flores!
Deixa virem teus olhos, como besouros de ônix,
tua boca de malmequer orvalhado,
e aquelas tuas mãos dos inconsoláveis mistérios,
com suas estrelas e cruzes,
e muitas coisas tão estranhamente escritas
nas suas nervuras nítidas de folha,
– e incompreensíveis, incompreensíveis.

Inscrição na areia

O meu amor não tem
importância nenhuma.
Não tem o peso nem
de uma rosa de espuma!

Desfolha-se por quem?
Para quem se perfuma?

O meu amor não tem
importância nenhuma.

Canções do mundo acabado

1

Meus olhos andam sem sono,
somente por te avistarem
de uma tão grande distância.

De altos mastros ainda rondo
tua lembrança nos ares.
O resto é sem importância.

Certamente, não há nada
de ti, sobre este horizonte,
desde que ficaste ausente.

Mas é isso o que me mata:
sentir que estás não sei onde,
mas sempre na minha frente.

2

Não acredites em tudo
que disser a minha boca
sempre que te fale ou cante.

Quando não parece, é muito,
quando é muito, é muito pouco,
e depois nunca é bastante...

Foste o mundo sem ternura
em cujas praias morreram
meus desejos de ser tua.

A água salgada me escuta
e mistura nas areias
meu pranto e o pranto da lua.

Penso no que me dizias,
e como falavas, e como te rias...
Tua voz mora no mar.

A mim não fizeste rir
e nunca viste chorar.

(Porque o tempo sempre foi
longo para me esqueceres
e curto para te amar.)

Canção quase melancólica

Parei as águas do meu sonho
para teu rosto se mirar.
Mas só a sombra dos meus olhos
ficou por cima, a procurar...

Os pássaros da madrugada
não têm coragem de cantar,
vendo o meu sonho interminável
e a esperança do meu olhar.

Procurei-te em vão pela terra,
perto do céu, por sobre o mar.
Se não chegas nem pelo sonho,
por que insisto em te imaginar?

Quando vierem fechar meus olhos,
talvez não se deixem fechar.
Talvez pensem que o tempo volta,
e que vens, se o tempo voltar...

A doce canção

A Christina Christie

Pus-me a cantar minha pena
com uma palavra tão doce,
de maneira tão serena,
que até Deus pensou que fosse
felicidade – e não pena.

Anjos de lira dourada
debruçaram-se da altura.
Não houve, no chão, criatura
de que eu não fosse invejada,
pela minha voz tão pura.

Acordei a quem dormia,
fiz suspirarem defuntos.
Um arco-íris de alegria
da minha boca se erguia
pondo o sonho e a vida juntos.

O mistério do meu canto,
Deus não soube, tu não viste.
Prodígio imenso do pranto:
– todos perdidos de encanto,
só eu morrendo de triste!

Por assim tão docemente
meu mal transformar em verso,
oxalá Deus não o aumente,
para trazer o Universo
de polo a polo contente!

A mulher e a tarde

O denso lago e a terra de ouro:
até hoje penso nessa luz vermelha
envolvendo a tarde de um lado e de outro.

E nas verdes ramas, com chuvas guardadas
e em nuvens beijando os azuis e os roxos.

Até hoje penso nas rosas de areia,
nos ventos de vidro, nos ventos de prata,
cheios de um perfume quase doloroso.

Perguntava a sombra: "Que há pelo teu rosto?"
"Que há pelos teus olhos?" – a água perguntava.

E eu pisando a estrada, e eu pisando a estrada,
vendo o lago denso, vendo a terra de ouro,
com pingos de chuva numa luz vermelha...

E eu não respondendo nada.
Sonho muito, falo pouco.
Tudo são risos de louco
e estrelas da madrugada...

Canção de alta noite

Alta noite, lua quieta,
muros frios, praia rasa.

Andar, andar, que um poeta
não necessita de casa.

Acaba-se a última porta.
O resto é o chão do abandono.

Um poeta, na noite morta,
não necessita de sono.

Andar... Perder o seu passo
na noite, também perdida.

Um poeta, à mercê do espaço,
nem necessita de vida.

Andar... – enquanto consente
Deus que seja a noite andada.

Porque o poeta, indiferente,
anda por andar – somente.
Não necessita de nada.

Partida

Do trigo semeado, da fonte bebida,
do sono dormido, vou sendo levada...

Os outros não sentem que estou de partida,
sem mapa, sem guia – com data marcada.

No estrondo das guerras, que valem meus pulsos?
No mundo em desordem, meu corpo que adianta?
A quem fazem falta, nos campos convulsos,
meus olhos que pensam, meu lábio que canta?

Por dentro das pedras, das nuvens, dos mares,
cruzando com as águias, os mortos, os peixes,
vou sendo levada para outros lugares,
ó mundo sem deuses, sem sonhos, sem lares!
embora me prendas, para que me deixes!

Embalo da canção

Que a voz adormeça
que canta a canção!
Nem o céu floresça
nem floresça o chão.

(Só – minha cabeça,
só – meu coração.
Solidão.)

Que não alvoreça
nova ocasião!
Que o tempo se esqueça
de recordação!

(Nem minha cabeça
nem meu coração.
Solidão!)

Em voz baixa

Sempre que me vou embora
é com silêncio maior.
As solidões deste mundo
conheço-as todas de cor.

Desse-me a sorte um cavalo,
ou um barco em cima do mar!
Relincho ou marulho – alguma
coisa que me acompanhar!

Mas não. Sempre mais comigo
vou levando os passos meus,
até me perder de todo
no indeterminado Deus.

Canção suspirada

Por que desejar libertar-me,
se é tão bom não ver o teu rosto,
se ando em meu sonho como, num rio,
alguém que é feliz e está morto?

Por que pensar em qualquer coisa,
se tudo está sobre a minha alma:
vento, flores, águas, estrelas,
e músicas de noite e albas?

Nos céus em sombra, há fontes mansas
que em silêncio e esquecida bebo.
Flui o destino em minha boca
e a eternidade entre os meus dedos...

Por que fazer o menor gesto,
se nada sei, se nada sofro,
se estou perdida em mim, tão perdida
como o som da voz no seu sopro?

Lembrança rural

Chão verde e mole. Cheiros de selva. Babas de lodo.
A encosta barrenta aceita o frio, toda nua.
Carros de bois, falas ao vento, braços, foices.
Os passarinhos bebem do céu pingos de chuva.

Casebres caindo, na erma tarde. Nem existem
na história do mundo. Sentam-se à porta as mães
[descalças.
É tão profundo, o campo, que ninguém chega a ver
[que é triste.
A roupa da noite esconde tudo, quando passa...

Flores molhadas. Última abelha. Nuvens gordas.
Vestidos vermelhos, muito longe, dançam nas cercas.
Cigarra escondida, ensaiando na sombra rumores de
[bronze.
Debaixo da ponte, a água suspira, presa...

Vontade de ficar neste sossego toda a vida:
bom para ver de frente os olhos turvos das palavras,
para andar à toa, falando sozinha,
enquanto as formigas caminham nas árvores...

Descrição

Amanheceu pela terra
um vento de estranha sombra,
que a tudo declarou guerra.

Paredes ficaram tortas,
animais enlouqueceram
e as plantas caíram mortas.

O pálido mar tão branco
levantava e desfazia
um verde-lívido flanco.

E pelo céu, tresmalhadas,
iam nuvens sem destino,
em fantásticas brigadas.

Dos linhos claros da areia
fez o vento retorcidas,
rotas, miseráveis teias.

Que sopro de ondas estranhas!
Que sopro nos cemitérios!
Pelos campos e montanhas!

Que sopro forte e profundo!
Que sopro de acabamento!
Que sopro de fim de mundo!

Da varanda do colégio,
do pátio do sanatório,
miravam tal sortilégio

olhos quietos de meninos,
com esperanças humanas
e com terrores divinos.

A tardinha serenada
foi dormindo, foi dormindo,
despedaçada e calada.

Só numa ruiva amendoeira
uma cigarra de bronze,
por brio de cantadeira,

girava em esquecimento
à sanha enorme do vento,
forjando o seu movimento
num grave cântico lento...

Velho estilo

Corpo mártir, conheço o teu mérito obscuro:
tu soubeste ficar imóvel como o firmamento,
para deixar passar as estrelas do espírito,
ardendo no seu fogo e voando no seu vento...

Corpo mártir que és dor, que és transe, que és
                                        [silêncio,
e onde, obediente, vai batendo o coração,
sei que foste esquecido, e, quando um dia te
                                        [acabares,
não é por ti que os olhos chorarão.

Ninguém viu que tu foste o solo e o oceano dócil
que sustentou jardins e embalou tanta viagem,
que distribuiu o amor, e mostrou a beleza,
dando e buscando sempre a sua própria imagem.

Um dia tu serás símbolo, ideia, sonho,
tudo o que agora apenas eu compreendo que és:
porque um dia virá que, nesta marcha do infinito,
alguém se lembrará que o mais alto dos cânticos
pousou, na terra, sobre uns pobres pés.

Velho estilo

Coisa que passas, como é teu nome?
De que inconstâncias foste gerada?
Abri meus braços para alcançar-te:
fechei meus braços, – não tinha nada!

De ti só resta o que se consome.
Vais para a morte? Vais para a vida?
Tua presença nalguma parte
é já sinal da tua partida.

E eu disse a todos desse teu fado,
para esquecerem teu chamamento,
saberem que eras constituída
da errante essência da água e do vento.

Todos quiseram ter-te, malgrado
prenúncios tantos, tantas ameaças.
Grande, adorada desconhecida,
como é teu nome, coisa que passas?

Pisando terras e firmamento,
com um ar de exausta gente dormida,
abandonaram termos tranquilos,
portas abertas, áreas de vida.

E eu, que anunciei o acontecimento,
fui atrás deles, com insegurança,
dizendo que ia por dissuadi-los,
mas tendo a sua mesma esperança.

No ardente nível desta experiência,
sem rogo, lágrima nem protesto,
tudo se apaga, preso em sigilos:
mas no desenho do último gesto,

há mãos de amor para a tua ausência.
E esse é o vestígio que não se some:
resto de todos, teu próprio resto.
– Coisa que passas, como é teu nome?

Canção mínima

No mistério do Sem-Fim,
equilibra-se um planeta.

E, no planeta, um jardim,
e, no jardim, um canteiro;
no canteiro, uma violeta,
e, sobre ela, o dia inteiro,

entre o planeta e o Sem-Fim,
a asa de uma borboleta.

A vizinha canta

De que onda sai tua voz,
que ainda vem úmida e trêmula,
– corpo de cristal,
– coração de estrela...?

Tua voz, planta marinha,
árvore crespa e orvalhada:
– ramos transparentes,
– folhas de prata...?

E de onde vai resvalando
um puro, límpido orvalho:
– durável resina,
– dolorida lágrima...?

Pequena canção

A J. A. Hernández

Pássaro da lua,
que queres cantar,
nessa terra tua,
sem flor e sem mar?

Nem osso de ouvido
pela terra tua.
Teu canto é perdido,
pássaro da lua...

Pássaro da lua,
por que estás aqui?
Nem a canção tua
precisa de ti!

Cançãozinha de ninar

O mar o convalescente mira.
– Que pena, que pena no seu mirar! –
Como quem namora, suspira,
e quem tem medo de se enamorar.

Água, que pareces um ramo de flores,
o nome dos humanos amores
mora na espuma do mar...

O céu o convalescente mira.
– Que pena, que pena no seu mirar! –
Como quem vai morrer, suspira
e quem tem medo de ressuscitar.

Nuvem, que pareces um ramo de flores,
o nome dos humanos amores
mora no hálito do ar...

Embalo

Adormeço em ti minha vida,
– flor de sombra e de solidão –
da terra aos céus oferecida
para alguma constelação.

Não pergunto mais o motivo,
não pergunto mais a razão
de viver no mundo em que vivo,
pelas coisas que morrerão.

Adormeço em ti minha vida,
imóvel, na noite, e sem voz.
A lua, em meu peito perdida,
vê que tudo em mim somos nós.

Nós! – E no entanto eu sei que estão
brotando pela noite lisa
as lágrimas de uma canção
pelo que não se realiza...

Ponte

Frágil ponte:
arco-íris, teia
de aranha, gaze
de água, espuma,
nuvem, luar.
Quase nada:
quase
a morte.

Por ela passeia,
passeia,
sem esperança nenhuma,
meu desejo de te amar.

Céu que miro?
– alta neblina.
Longo horizonte,
– mas só de mar.

E esta ponte
que se arqueia
como um suspiro,
– tênue renda cristalina –
será possível que transporte
a algum lugar?

Por ela passeia,
passeia
meu desejo de te amar.

Em franjas de areia,
chegada do fundo
lânguido do mundo,
às vezes, uma sereia
vem cantar.
E em seu canto te nomeia.

Por isso, a ponte se alteia,
e para longe se lança,
nessa frágil teia,
– invisível, fina
renda cristalina
que a morte balança,
torna a balançar...

(Por ela passeia
meu desejo de te amar.)

Visitante

Quem desce ao adormecimento
que me envolve e em que me perco,
feito um vento abrindo um cerco
de penumbras, num jardim,
e toca o meu pensamento
com uma lâmina de aurora,
e escreve-me, indo-se embora:
"Vive! e lembra-te de mim"?

Quem, do mar do esquecimento,
busca areias de lembrança,
mas tão sem força e esperança
que outra vez volve ao seu fim,
mira seu rosto, um momento,
à luz do meu sonho triste,
compreende que não existe,
e pergunta: "Por que vim?"

Gaita de lata

Se o amor ainda medrasse,
aqui ficava contigo,
pois gosto da tua face,
desse teu riso de fonte,
e do teu olhar antigo
de estrela sem horizonte.

Como, porém, já não medra,
cada um com a sorte sua!

(Não nascem lírios de lua
pelos corações de pedra...)

Despedida

Adeus,
que é tempo de marear!

Por que procuram pelos olhos meus
rastros de choro,
direções de olhar?

Quem fala em praias de cristal e de ouro,
abrindo estrelas nos aléns do mar?
Quem pensa num desembarcadouro?
– É hora, apenas, de marear.

Quem chama o sol? Mas quem procura o vento?
e âncora? e bússola? e rumo e lugar?
Quem levanta do esquecimento
esses fantasmas de perguntar?

Lenço de adeuses, já perdi... Por onde?
– na terra, andando, e só de tanto andar...
Não faz mal. Que ninguém responde
a um lenço movido no ar...

Perdi meu lenço e meu passaporte,
– senhas inúteis de ir e chegar.

Quem lembra a fala da ausência
num mundo sem correspondência?

Viajante da sorte na barca da sorte,
sem vida nem morte...

Adeus,
que é tempo de marear!

Tardio canto

Canta o meu nome agreste,
cheio de espinhos
o nome que me deste,
quando andei nos teus caminhos.

Canta esse nome amargo,
hoje perdido,
no tempo largo,
sem mais nenhum sentido.

Como esperei teu canto,
noites e dias!
Necessitava tanto!
Tu não podias...

Ouço o teu grito ardente,
cigarra do deserto!
Mas já não sou mais gente...
Não ando mais tão perto...

Cantiga do véu fatal

Por causa do teu chapéu,
por causa do teu vestido,
vais matando teu marido.

Quem dirá que por um véu
se arma tamanho alarido
de ficar homem perdido!

Que se levanta um escarcéu,
por esse fino tecido
de alças de silêncio urdido!

Por causa do teu chapéu,
por causa do teu vestido,
vai morrendo teu marido!

Morre com cara de réu,
pensando em cada pedido
que tem de ser atendido.

Com isso, irá ter ao céu.
E tu, de rosto garrido,
haverás véu bem comprido!

Esse vai ser o troféu
de tanto ai, tanto gemido,
tanto tempo arrependido.

Porque, por esse chapéu,
porque, por esse vestido,
já está morto o teu marido.

Só não está num mausoléu:
vai por teu braço, transido,
malcomido e malroupido.

E tu, de pluma e de véu,
de lábio bem colorido,
de anel e colar brunido,

brilhando no teu chapéu,
cintilando em teu vestido,
pelo braço ressequido
do companheiro morrido!

Pergunta

Se amanhã perder o meu corpo,
será possível que ainda venha,
e que ao pé de ti me detenha
como um levíssimo sopro?

E essa minha humilde presença
te despertará como um grito?
E pensarás no pálido, hirto
fantasma que ainda em ti pensa?

Ou teu sono será tão doce
que o meu arrependido espectro,
sofrendo por chegar tão perto,
volte no vento que o trouxe?

Teu rosto é um jardim, na sombra.
Teu sonho, flor sob a lua.
Por aquela que foi tua,
que orvalho em teus olhos tomba?

Serenata ao menino do hospital

Menino, não morras,
porque a lua cheia
vai-se levantando do mar.
São de prata e de ouro
as águas e a areia.
Não morras agora,
vem ver o luar!

Menino, não morras:
na dormente mata,
uma flor vai desabrochar.
É azul? É roxa?
É de ouro? É de prata?
Não morras agora!
Vem ver o luar.

Menino, não morras:
verdes vaga-lumes
correm, num brilhante colar.
São de prata e de ouro
todos os perfumes.
Não morras agora!
Vem ver o luar.

Menino, não morras:
ouve a serenata
que sussurra nas cordas do ar...
São cordas de sonho,
são de ouro e de prata.
Não morras agora!
Vem ver o luar.

Menino, não morras:
sobre o céu deserto,
há uma estrela imensa a brilhar.
É de prata e de ouro!
Como está tão perto!
Não morras agora,
– que a estrela da aurora
veio ver teu rosto
banhado de luar!

Aluna

Conservo-te o meu sorriso
para, quando me encontrares,
veres que ainda tenho uns ares
de aluna do paraíso...

Leva sempre a minha imagem
a submissa rebeldia
dos que estudam todo o dia
sem chegar à aprendizagem...

– e, de salas interiores,
por altíssimas janelas,
descobrem coisas mais belas,
rindo-se dos professores...

Gastarei meu tempo inteiro
nessa brincadeira triste;
mas na escola não existe
mais do que pena e tinteiro!

E toda a humana docência
para inventar-me um ofício
ou morre sem exercício
ou se perde na experiência...

Pequena flor

Como pequena flor que recebeu uma chuva enorme
e se esforça por sustentar o oscilante cristal das gotas
na seda frágil, e preservar o perfume que aí dorme,

e vê passarem as leves borboletas livremente,
e ouve cantarem os pássaros acordados sem angústia,
e o sol claro do dia as claras estátuas beijando sente,

e espera que se desprenda o excessivo, úmido orvalho
pousado, trêmulo, e sabe que talvez o vento
a libertasse, porém a desprenderia do galho,

e nesse temor e esperança aguarda o mistério transida
– assim repleto de acasos e todo coberto de lágrimas
há um coração nas lânguidas tardes que envolvem a vida.

Memória

A José Osório

Minha família anda longe,
com trajos de circunstância:
uns converteram-se em flores,
outros em pedra, água, líquen;
alguns, de tanta distância,
nem têm vestígios que indiquem
uma certa orientação.

Minha família anda longe,
– na Terra, na Lua, em Marte –
uns dançando pelos ares,
outros perdidos no chão.

Tão longe, a minha família!
Tão dividida em pedaços!
Um pedaço em cada parte...
Pelas esquinas do tempo,
brincam meus irmãos antigos:
uns anjos, outros palhaços...
Seus vultos de labareda
rompem-se como retratos
feitos em papel de seda.
Vejo lábios, vejo braços,
– por um momento persigo-os;
de repente, os mais exatos
perdem sua exatidão.
Se falo, nada responde.
Depois, tudo vira vento,
e nem o meu pensamento
pode compreender por onde
passaram nem onde estão.

Minha família anda longe.
Mas eu sei reconhecê-la:
um cílio dentro do oceano,
um pulso sobre uma estrela,
uma ruga num caminho
caída como pulseira,
um joelho em cima da espuma,
um movimento sozinho
aparecido na poeira...
Mas tudo vai sem nenhuma
noção de destino humano,
de humana recordação.

Minha família anda longe.
Reflete-se em minha vida,
mas não acontece nada:
por mais que eu esteja lembrada,
ela se faz de esquecida:
não há comunicação!
Uns são nuvem, outros, lesma...
Vejo as asas, sinto os passos
de meus anjos e palhaços,
numa ambígua trajetória
de que sou o espelho e a história.
Murmuro para mim mesma:
"É tudo imaginação!"

Mas sei que tudo é memória...

Mau sonho

Sou Nabucodonosor
que sonhou e se esqueceu!

Oh! venha, seja quem for,
dizer que sonho era o meu!

Venha! que me morro, por
um sonho que se perdeu!

(Veio o moço Baltasar,
mostrou-me a sua visão:
uma testa de ouro, no ar,
uns pés de barro, no chão.
E ferro – do calcanhar
à altura do coração!)

Bendito seja o Senhor,
que o esquecimento me deu!

Que era mau sonho, este, meu,
de Nabucodonosor!

Retrato falante

Não há quem não se espante, quando
mostro o retrato desta sala,
que o dia inteiro está mirando,
e à meia-noite em ponto fala.

Cada um tem sua raridade:
selo, flor, dente de elefante.
Uns têm até felicidade!
Eu tenho o retrato falante.

Minha vida foi sempre cheia
de visitas inesperadas,
a quem eu me conservo alheia,
mas com as horas desperdiçadas.

Chegam, descrevem aventuras,
sonhos, mágoas, absurdas cenas.
Coisas de hoje, antigas, futuras...
(A maioria mente, apenas.)

E eu, fatigada e distraída,
digo sim, digo não – diversas
respostas de gente perdida
no labirinto das conversas.

Ouço, esqueço, livro-me – trato
de recompor o meu deserto.
Mas, à meia-noite, o retrato
tem um discurso pronto e certo.

Vejo então por que estranho mundo
andei, ferida e indiferente,
pois tudo fica no sem-fundo
dos seus olhos de eternamente.

Repete palavras esquivas,
sublinha, pergunta, responde,
e apresenta, claras e vivas,
as intenções que o mundo esconde.

Na outra noite me disse: "A morte
leva a gente. Mas os retratos
são de natureza mais forte,
além de serem mais exatos.

Quem tiver tentado destruí-los,
por mais que os reduza a pedaços,
encontra os seus olhos tranquilos
mesmo rotos, sobre os seus passos.

Depois que estejas morta, um dia,
tu, que és só desprezo e ternura,
saberás que ainda te vigia
meu olhar, nesta sala escura.

Em cada meia-noite em ponto,
direi o que viste e o que ouviste.
Que eu – mais que tu – conheço e aponto
quem e o que te deixou tão triste".

Canção nas águas

Acostumei minhas mãos
a brincarem na água clara:
por que ficarei contente?
A onda passa docemente:
seus desenhos – todos vãos.
Nada para.

Acostumei minhas mãos
a brincarem na água turva:
e por que ficarei triste?
Curva e sombra, sombra e curva,
cor e movimento – vãos.
Nada existe.

Gastei meus olhos mirando vidas
com saudade.
Minhas mãos por águas perdidas
foram pura inutilidade.

Ida e volta em Portugal

Olival de prata,
veludosos pinhos,
clara madrugada,
dourados caminhos,
lembrai-vos da graça
com que os meus vizinhos,
numa cavalgada,
com frutas e vinhos,
lenços de escarlata,
cestas e burrinhos,
foram pela estrada,
assustando os moinhos
com suas risadas,
pondo em fuga cabras,
ventos, passarinhos...

Ai, como cantavam!
Ai, como se riam!

Seus corpos – roseiras.
Seus olhos – diamantes.

Ora vamos ao campo colher amoras
e amores!
A amar, amadores amantes!

Olival de prata,
veludosos pinhos,
pura Vésper clara,
silentes caminhos,
lembrai-vos da pausa
com que os meus vizinhos

vieram pela estrada.
Morria nos moinhos
o giro das asas.
Ventos, passarinhos,
árvores e cabras,
tudo estacionava.
As flores faltavam.
Sobravam espinhos.

Ai, como choravam!
Ai, como gemiam!

Seus corpos – granito.
Seus olhos – cisternas.

Este é o campo sem fim de onde não retornam
ternuras!
Entornai-vos, ondas eternas!

Solilóquio do novo Otelo

Tudo vai e vem.
Sou como todas as coisas:
e durmo e acordo na tua cabeça,
com o andar do dia e da noite,
o abrir e o fechar das portas.

Tudo é monótono, tudo é para ser esquecido.
Quero ficar em ti, único.

No tumulto dos acontecimentos,
pensarás: "Ele, porém, é imóvel".
"Ele, ele é diferente" – pensarás, no meio das repetições.

Tudo rodará e cairá,
pelas vertentes desse teu imaginar,
que sobe sempre.

Pois eu quero estar parado e sem nenhuma alteração,
sem te responder nem chamar, sem te dar nem pedir.
Sem relação com as outras coisas.

Eu, puramente eu.
E assim talvez te inquietes.
Talvez fiques mais próxima,
e indagues, e te comovas, e até sofras,
e te esqueças de todo o resto
e te gastes por mim.

Caia o sono dos teus olhos,
junto com lágrimas,
e a cor que os iluminava,
com a chama incauta da tua alegria.

Caia o riso da tua boca,
misturado às palavras que os outros ouviriam.
E o brilho dos teus cabelos se apague,
com o pensamento que sempre te aureolou.

Tudo assim!

Que até teu coração se desprenda,
– rosa cortada! –
e caia em mim, para sempre.

Que importa ficar no fundo do inferno,
perdido, perdido, perdido,
se teu coração arder comigo
e se acabar com o meu fim?

2

Para as estrelas altíssimas,
olho da sombra, melancolicamente,
enquanto ela dorme,
pálida e quieta,
toda paralela:
as pálpebras, os braços, os pés.

Um cílio não lhe estremece.
No límpido til da sua narina
nem se sente o embalo do ar que alimenta o sonho.

E debaixo de seus olhos estão países
de habitantes fluidos,
que mudam de rosto e voam!
E ela mesma comparece entre eles!
E falam-se, reconhecem-se, entendem-se!

Tão longe!
Nem as estrelas chegam a esses lugares instáveis,
de onda e nuvem, por onde as palavras e os fantasmas
misturam seus olhos, caminhando por dentro de si!

Sua sombra, seu rastro,
mesmo sem querer,
por aí ficam também, perdidos.
Expostos.

Porventura estarei também algumas vezes
nesses vagos aléns
que a esperam, chamam e levam?
Outros olhos meus a acompanharão, sem que me
                                   [lembre,
por entre os ares que a abraçam,
que a envolvem, que a bebem?

Oh! porque eu sei que ela é bebida por um remoto
                                   [lábio
inalcançável,
esta que dorme aqui, pálida e paralela,
esta que jaz, fina e doce,
como um vestido de seda caído.

Se eu gritar seu nome,
se bater no seu peito, liso e frágil,
então, num suspiro vagaroso,
regressará de onde estava.
Levantará as pálpebras, para dizer que chegou.
E – como quem vem à janela –
para perguntar o que lhe querem. Por quê?

E eu mirarei com mágoa seus olhos claros, recém-
                                   [-chegados.
E alguma coisa estará faltando nela,
que nunca, nunca se há de recuperar.

E, ao longe, sentirei, transtornados,
inconsoláveis como eu,
tontos de sua solidão,
os ares que se afeiçoavam à sua figura,
subitamente devolvida ao meu poder.

A dona contrariada

Ela estava ali sentada,
do lado que faz sol-posto,
com a cabeça curvada,
um véu de sombra no rosto.
Suas mãos indo e voltando
por sobre a tapeçaria,
paravam de vez em quando:
e, então, se acabava o dia.

Seu vestido era de linho,
cor da lua nas areias.
Em seus lábios cor de vinho
dormia a voz das sereias.
Ela bordava, cantando.
E a sua canção dizia
a história que ia ficando
por sobre a tapeçaria.

Veio um pássaro da altura
e a sombra pousou no pano,
como no mar da ventura
a vela do desengano.
Ela parou de cantar,
desfez a sombra com a mão,
depois, seguiu a bordar
na tela a sua canção.

Vieram os ventos do oceano,
roubadores de navios,
e desmancharam-lhe o pano,
remexendo-lhe nos fios.
Ela pôs as mãos por cima,

tudo compôs outra vez:
a canção pousou na rima,
e o bordado assim se fez.

Vieram as nuvens turvá-la.
Recomeçou de cantar.
No timbre da sua fala
havia um rumor de mar.
O sol dormia no fundo:
fez-se a voz, ele acordou.
Subiu para o alto do mundo.
E ela, cantando, bordou.

Modinha

Tuas palavras antigas
deixei-as todas, deixei-as,
junto com as minhas cantigas,
desenhadas nas areias.

Tantos sóis e tantas luas
brilharam sobre essas linhas,
das cantigas – que eram tuas –
das palavras – que eram minhas!

O mar, de língua sonora,
sabe o presente e o passado.
Canta o que é meu, vai-se embora:
que o resto é pouco e apagado.

Canção a caminho do céu

Foram montanhas? foram mares?
foram os números...? – não sei.
Por muitas coisas singulares,
não te encontrei.

E te esperava, e te chamava,
e entre os caminhos me perdi.
Foi nuvem negra? maré brava?
E era por ti!

As mãos que trago, as mãos são estas.
Elas sozinhas te dirão
se vem de mortes ou de festas
meu coração.

Tal como sou, não te convido
a ires para onde eu for.

Tudo que tenho é haver sofrido
pelo meu sonho, alto e perdido,
– e o encantamento arrependido
do meu amor.

Epigrama

Narciso, foste caluniado pelos homens,
por teres deixado cair, uma tarde, na água incolor,
a desfeita grinalda vermelha do teu sorriso.

Narciso, eu sei que não sorrias para o teu vulto,
                                    [dentro da onda:
sorrias para a onda, apenas, que enlouquecera,
                                    [e que sonhava
gerar no ritmo do seu corpo, ermo e indeciso,

a estátua de cristal que, sobre a tarde, a contemplava,
florindo-a para sempre, com o seu efêmero sorriso...

Idílio

Como eu preciso de campo,
de folhas, brisas, vertentes,
encosto-me a ti, que és árvore,
de onde vão caindo flores
sobre os meus olhos dormentes.

Encosto-me a ti, que és margem
de uma areia de silêncios
que acompanha pelo tempo
verdes rios transparentes:
tua sombra, nos meus braços,
tua frescura, em meus dentes.

Nasce a lua nos meus olhos,
passa pela minha vida...
– e, tudo que era, resvala
para calmos ocidentes.
Caminhos de ar vão levando
pura e nua essa que andava
com as roupas mais diferentes.

Olham pássaros, das nuvens,
entre a luz dos mundos firmes
e a das estrelas cadentes.
E o orvalho da sua música
vai recobrindo o meu rosto
com um tremor que eu conhecia
nos meus olhos já levados,
idos, perdidos, ausentes...

(Leve máscara de pérolas
na minha face não sentes?)

Soledad

Antes que o sol se vá,
– como pássaro perdido,
também te direi adeus,
Soledad.

Terra morrendo de fome,
pedras secas, folhas bravas,
ai, quem te pôs esse nome,
Soledad!
sabia o que são palavras.

Antes que o sol se vá,
– como um sonho de agonia,
cairás dos olhos meus,
Soledad!

Indiazinha tão sentada
na cinza do chão deserta,
ai, Soledad!
que pensas? Não penses nada,
que a vida é toda secreta.

Como estrela nestas cinzas,
antes que o sol se vá,
nem depois, não virá Deus,
Soledad?

Pois só ele explicaria
a quem teu destino serve,
sem mágoa nem alegria,
ai, Soledad!
para um coração tão breve...

Ai, Soledad, Soledad,
ai, *rebozo* negro, adeus!
ai, antes que o sol se vá...

Soledad, México – 1940

Canção do carreiro

Dia claro,
vento sereno,
roda, meu carro,
que o mundo é pequeno.

Quem veio para esta vida,
tem de ir sempre de aventura:
uma vez para a alegria,
três vezes para a amargura.

Dia claro,
vento marinho,
roda, meu carro,
que é curto o caminho.

Riquezas levo comigo.
Impossível escondê-las:
beijei meu corpo nos rios,
dormi coberto de estrelas.

Dia claro,
vento do monte,
roda, meu carro,
que é perto o horizonte.

Na verdade, o chão tem pedras,
mas o tempo vence tudo.
Com águas e vento quebra-as
em areias de veludo...

Dia claro,
vento parado,
roda, meu carro,
para qualquer lado.

Riquezas comigo levo.
Impossível encobri-las:
troquei conversas com o eco
e amei nuvens intranquilas.

Dia claro,
de onde e de quando?
Roda, meu carro,
pois vamos rodando...

Interlúdio

As palavras estão muito ditas
e o mundo muito pensado.
Fico ao teu lado.

Não me digas que há futuro
nem passado.
Deixa o presente – claro muro
sem coisas escritas.

Deixa o presente. Não fales.
Não me expliques o presente,
pois é tudo demasiado.

Em águas de eternamente,
o cometa dos meus males
afunda, desarvorado.

Fico ao teu lado.

Domingo de feira

Nesse caminho de Alcobaça,
nos arredores do Mosteiro,
eu sei que o mercado da praça
dura quase o domingo inteiro.

Na bojuda louça vidrada,
cada vulto é um desenho novo.
E há alforjes nos degraus da escada,
onde palra, mercando, o povo.

Homens vindos de longe, graves
mais que D. Nuno Álvares Pereira,
e mulheres com modos de aves,
andam e gritam pela feira.

Um perfume agreste se alastra,
de ácido mel. E figos e uvas
cintilam em cada canastra,
úmidos de orvalhos e chuvas.

Moscas investigam o abismo
das orelhas hirtas dos burros.
Há vozes de um solene heroísmo.
E também mui solenes murros.

Cada gesto é uma Aljubarrota,
um Brasil – no braço que alterca.
....
....
"Figos, figos de capa rota!
Dez réis o quarteirão! Quem merca?"

Lenço preto amarrado ao queixo,
uma velha geme, outra berra.
Em suas duras mãos de seixo,
flui o sumo doce da terra.

Meias roxas, verdes, vermelhas
vão e vêm para cada lado.
O burro sacode as orelhas.
Parece um desenho animado.

Num lugar qualquer desse cromo,
uma velha limpa os objetos
de barro com tal gosto, como
se lavasse os seus próprios netos.

Mexican list and tourists

A Virgínia e Bessie

Oh! "El Charro" com seus *sarapes*,
com seus *sarapes* de listas!
Jardins com ternuras árabes
para os senhores turistas...
(*Tacos.*)

Pela fresca das seis horas,
as mesas estão floridas.
Pelos canteiros, abóboras.
Pelas mesas, mãos unidas.
(*Tacos y tortillas.*)

Isto é uma estranha comida,
e não te digo que comas...
Ouve a canção da voz úmida:
"*Gavilanes y palomas...*"
(*Tacos, tortillas y enchiladas.*)

Esta jovem de turbante,
e o seu noivo, sem casaco,
falam-se, riem-se, curvam-se,
mastigando um amor e um taco.
(*Tacos, tortillas, enchiladas y tamales.*)

E o cantor dobra a cantiga,
com voz de cana rachada,
de boa cana romântica,
toda de amor desmanchada...
(*Tacos, tortillas, enchiladas, tamales y chili con carne.*)

Canção, pimenta, abacate,
flores, crepúsculo – tudo
é inútil, ó poema, acaba-te!
Este mundo é surdo-mudo...
(*Tacos, tortillas, enchiladas, tamales, chili con*
[*carne y peanuts.*])

Surdo-mudo, sim, senhores,
que estes noivos casarão,
e, estimem-se, amem-se, adorem-se,
vai ser em vão:
cada um tem sua moda...
– ele irá mascando goma,
ela tricotando lã... –
Nenhum sabe o que é *paloma*
nem tampouco *gavilán*...

Ai, *tacos, tamales y frijoles* fritos!
Ai, ai, café, *peppermint* e canções de "El Charro"!
Abóboras sonhando nos canteiros tão bonitos,
e *tortillas* quentes no prato de barro!

Ai, que os turistas, com seus dedos esquisitos
riscam fósforos nos pés, e acendem o cigarro!

"El Charro", de Austin – 1940

Canção da tarde no campo

Caminho do campo verde,
estrada depois de estrada.
Cercas de flores, palmeiras,
serra azul, água calada.

Eu ando sozinha
no meio do vale.
Mas a tarde é minha.

Meus pés vão pisando a terra
que é a imagem da minha vida:
tão vazia, mas tão bela,
tão certa, mas tão perdida!

Eu ando sozinha
por cima de pedras.
Mas a flor é minha.

Os meus passos no caminho
são como os passos da lua:
vou chegando, vais fugindo,
minha alma é a sombra da tua.

Eu ando sozinha
por dentro de bosques.
Mas a fonte é minha.

De tanto olhar para longe,
não vejo o que passa perto.
Subo monte, desço monte,
meu peito é puro deserto.

Eu ando sozinha,
ao longo da noite.
Mas a estrela é minha.

Madrigal da sombra

Sombra que passas, eu sei que és sombra,
eu sei que és sombra, sombra que falas.
Não deixas passo em nenhuma alfombra
das altas, graves, eternas salas.

Mas os que choram de sala em sala,
mirando espelhos, mirando alfombras,
choram teus passos e tua fala,
e o seu destino de amar as sombras...

Passam anjos

Passam anjos com espadas de silêncio
por entre nós,
devastando o jardim suspenso
que podia ter sido a minha voz.

Passam anjos por cima de muralhas
sem dimensão.
Mas por que das estrelas não falas
à triste planície do meu coração?

Passam anjos desenrolando tempo,
tempo sem fim.
Tempo de seres tu para sempre
e não seres mais nada para mim.

– Ó anjos de duras espadas frias,
que fizestes das alegrias
tão raras de desabrochar?

– Ó anjos de frias espadas duras,
que sal, que sombra e que lonjuras,
sem terra, sem noite e sem mar!

Campos verdes

Sobre o campo verde,
ondas de prata.

Andava-se, andava-se...
Sobre o verde campo,
sempre outras águas.

Sobre o campo verde,
paciente barco.

Errava-se, errava-se...
Sobre o verde campo,
sempre outro espaço.

Sobre o campo verde,
todas as cartas.

Armava-se, armava-se...
Sobre o verde campo,
sempre o ás de espadas.

Sobre o campo verde,
qualquer palavra.

Olhava-se, olhava-se...
Ai! sobre o verde campo,
mais nada.

Para uma cigarra

Cigarra de ouro, fogo que arde,
queimando, na imensa tarde,
meu nome, sussurrante flor.

(Estudei amor.)

Cigarra de ouro, por que me chamas,
se, quando eu for,
bem sei que foges por entre as ramas?

(Estudei amor.)

Cigarra de ouro, eu nem levanto
meus olhos para teu canto.

(Estudei amor.)

Encomenda

Desejo uma fotografia
como esta – o senhor vê? – como esta:
em que para sempre me ria
com um vestido de eterna festa.

Como tenho a testa sombria,
derrame luz na minha testa.
Deixe esta ruga, que me empresta
um certo ar de sabedoria.

Não meta fundos de floresta
nem de arbitrária fantasia...
Não... Neste espaço que ainda resta,
ponha uma cadeira vazia.

Confissão

A Afonso Duarte

Na quermesse da miséria,
fiz tudo o que não devia:
se os outros se riam, ficava séria;
se ficavam sérios, me ria.

(Talvez o mundo nascesse certo;
mas depois ficou errado.
Nem longe nem perto
se encontra o culpado!)

De tanto querer ser boa,
misturei o céu com a terra,
e por uma coisa à toa
levei meus anjos à guerra.

Aos mudos de nascimento
fui perguntar minha sorte.
E dei minha vida, momento a momento,
por coisas da morte.

Pus caleidoscópios de estrelas
entre cegos de ambas as vistas.
Geometrias imprevistas,
quem se inclinou para vê-las?

(Talvez o mundo nascesse certo;
mas evadiu-se o culpado.
Deixo meu coração – aberto,
à porta do céu – fechado.)

Naufrágio antigo

A Margarete Kuhn

Inglesinha de olhos tênues,
corpo e vestido desfeitos
em águas solenes;

inglesinha do veleiro,
com tranças de metro e meio
embaraçando os peixes.

Medusas róseas nos dedos,
algas pela cabeça,
azuis e verdes.

Desceu muitos degraus de seda
e atravessou muitas paredes
de vidro fresco.

Embalada em seus cabelos,
navegava frios reinos
de personagens lentos:

por paisagens de anêmonas,
caudas negras,
nadadeiras trêmulas.

Mirava a lua seus dentes,
seus olhos – de oceano cheios,
seus lábios – hirtos de sede.

Muito tempo, muito tempo...
Medusas róseas nos dedos,
pelo peito, estrelas,
brancas e vermelhas.

Em praias de triste areia,
o vento, sem o veleiro,
chorava de pena.

Inglesinha de olhos tênues,
ao longe suspensa
em líquidas teias!

Vestidos sem consistência:
medusas róseas no ventre,
algas pelos joelhos,
azuis e verdes.

Landes ermas
vão sofrendo e morrendo
porque a perderam.

Pelas águas transparentes,
suspiros que foram vê-la
ficaram prisioneiros.

E as lágrimas que correram
extraviaram-se, na rede
da espuma crespa.

Inglesinha de olhos tênues
volteia, volteia
no mar, em silêncio.

Moluscos fosforescentes
cobiçam os arabescos
de suas orelhas.

Peixes de olhos densos
bebem suas veias
azuis e violetas.

Embalada em seus cabelos,
noutros mundos entra,
sempre mais imensos.

Por entre anêmonas,
nadadeiras trêmulas,
súbitos espelhos.

A cor dos planetas
pinta seu rosto de cera
e banha seus pensamentos.

(Porque ela ainda pensa:
algas pelo ventre,
azuis e verdes,
medusas pelos artelhos.

E ainda sente.
Sente e pensa e vai serena,
embalada em seus cabelos.)

Inglesinha de olhos tênues,
com tranças de metro e meio,
cor de lua nascente.

Branca ampulheta
foi vertendo, vertendo
séculos inteiros.

Desmanchou-lhe o seio,
desfolhou-lhe os dedos
e as madeixas,

medusas, estrelas,
róseas e vermelhas,
e algas verdes,

e a voz do vento
que na areia
sofrera.

E a existência
e a queixa

de quem teve
pena,
antigamente.

Explicação

A Alberto de Serpa

O pensamento é triste; o amor, insuficiente;
e eu quero sempre mais do que vem nos milagres.
Deixo que a terra me sustente:
guardo o resto para mais tarde.

Deus não fala comigo – e eu sei que me conhece.
A antigos ventos dei as lágrimas que tinha.
A estrela sobe, a estrela desce...
– espero a minha própria vinda.

(Navego pela memória
sem margens.

Alguém conta a minha história
e alguém mata os personagens.)

Romancinho

A Maria Dulce

Disseram que ele não vinha:
mas assim mesmo o esperei.
Veio o rei, veio a rainha,
– não veio o filho do rei!

Pelo vale mais profundo,
sozinha, alta noite, andei.
Dentre as pedras, dentre os lodos,
lírios brancos arranquei.
Fui buscar os lírios todos
– últimos lírios do mundo! –
pra dar ao filho do rei.

Ouvi tremerem os campos.
Correndo, aos campos tornei.
Entre azulados relampos,
descia do céu à terra
coche sobrenatural,
com sete cavalos brancos,
arreios de ouro e veludo,
cascos de prata brunida,
campainhas de cristal,
– Luz da noite! Alma da vida!
toda a crina entretecida
de turquesa e de coral.

O suor, na curva dos flancos,
a escuma, no ouro dos freios,
eram só de aljôfar miúdo.

Ia a bodas? Ia à guerra?
Nenhum cocheiro se via.
Tão depressa, aonde iria?

Sete cavalos, na frente,
cintilando em seus arreios:
em cada orelha, uma rosa,
em cada rosa, uma lua,
em cada lua, um diamante
talhado em quarto crescente,
talhado em quarto minguante...

E atrás, no coche de prata,
com cortinas de escarlata,
sentado, o filho do rei.

Para avistar-lhe o semblante,
ganhar a mirada sua,
deslumbrada e pressurosa,
toda me precipitei.

Passaram sobre o meu peito
quatro rodas de marfim.
Não vi o filho do rei,
tão bonito, tão perfeito,
que não era para mim...

(Ia a bodas? Ia à guerra?)

Quatro rodas encarnadas,
recentemente pintadas,
correm no mundo sem fim...

Sete cavalos luzentes,
do mais luzente cetim,
com aljôfar pelos flancos,
vão atravessando a terra,
mastigando lírios brancos
com seus dentes de rubim...

Rosto perdido

Deixaram meu rosto
fora do meu corpo.
Meu rosto perdido
num longe lugar!
Encheram seus olhos
orvalhos da noite.
Sua boca transborda de luar!

Chamei-o, chamei-o,
muitas vezes, e ele
– não quis responder?
– não pôde falar?
Disse que era tarde,
que me vinha embora.
Oh! o meu rosto não torna a voltar!

Meu rosto descansa
– entre duas flores?
– entre duas ondas?
– no campo? ou no mar?
Vêm nuvens por cima?
Pássaros ou vento?
Vêm as setas da Estrela Polar?

Tão pálido e quieto!
– Está vivo ou está morto?
Flutua sem peso
como a luz sobre o ar.
Não sabe mais nada
senão paraísos!
Pensa e beija a paisagem do olhar.

Elegia

Perto da tua sepultura,
trazida pelo humilde sonho
que fez a minha desventura,
mal minhas mãos na terra ponho,
logo estranhamente as retiro.
Neste limiar de indiferença,
não posso abrir a tênue rosa
do mais espiritual suspiro.
Jazes com a estranha, a muda, a imensa
Amada eterna e tenebrosa
pelas tuas mãos escolhida
para teu convívio absoluto.
Por isso me retraio, certa
de que é pura felicidade
a terra densa que te aperta.
E por entre as pedras serenas
desliza o meu tímido luto,
com uma quieta lágrima, apenas,
– esse humano, doce atributo.

Reinvenção

A vida só é possível
reinventada.

Anda o sol pelas campinas
e passeia a mão dourada
pelas águas, pelas folhas...
Ah! tudo bolhas
que vêm de fundas piscinas
de ilusionismo... – mais nada.

Mas a vida, a vida, a vida,
a vida só é possível
reinventada.

Vem a lua, vem, retira
as algemas dos meus braços.
Projeto-me por espaços
cheios da tua Figura.
Tudo mentira! Mentira
da lua, na noite escura.

Não te encontro, não te alcanço...
Só – no tempo equilibrada,
desprendo-me do balanço
que além do tempo me leva.
Só – na treva,
fico: recebida e dada.

Porque a vida, a vida, a vida,
a vida só é possível
reinventada.

Canção do deserto

A Enrique Peña

Minha ternura nas pedras
vegeta.

Caravanas de formigas
tomam sempre outro caminho.
E a areia – cega.

Noite e dia, noite e dia
– como se estivesse à espera.

O sol consome as cigarras,
a lua pelas escadas
se quebra.

Minha ternura? – nas pedras.

Para o último céu perdido,
meu desejo sem auxílio
se eleva.

Mas os passos deste mundo
pisam tudo, tudo, tudo...
Morte certa.

Morte por todos os passos...
(Só com a sola dos sapatos
os homens tocam a terra!)

Minha ternura? – nas pedras.
Nas pedras.

Lua adversa

Tenho fases, como a lua.
Fases de andar escondida,
fases de vir para a rua...
Perdição da minha vida!
Perdição da vida minha!
Tenho fases de ser tua,
tenho outras de ser sozinha.

Fases que vão e que vêm,
no secreto calendário
que um astrólogo arbitrário
inventou para meu uso.

E roda a melancolia
seu interminável fuso!

Não me encontro com ninguém
(tenho fases, como a lua...).
No dia de alguém ser meu
não é dia de eu ser sua...
E, quando chega esse dia,
o outro desapareceu...

Canção para remar

A Isabel do Prado

Doce peso
desta sonolência,
leve cadência
de amor e desprezo.

Lua mansa,
pedaço perdido
do anel partido
de alguma esperança.

Grande estrela
toda desfolhada
na água parada
para recebê-la.

Noite fria,
sem desejo humano.
Brisa no oceano
da melancolia.

Rosto sério
das ondas do mundo.
Boiam no fundo
ramos de mistério.

(Doce peso
desta sonolência...
Leve cadência
de amor e desprezo...)

Chorinho

Chorinho de clarineta,
de clarineta de prata,
na úmida noite de lua.

Desce o rio de água preta.
E a perdida serenata
na água trêmula flutua.

Palavra desnecessária:
um leve sopro revela
tudo que é medo e ternura.

Pela noite solitária,
uma criatura apela
para outra criatura.

Não há nada que submeta
o que Deus nos arrebata
segundo a vontade sua...

Ai, choro de clarineta!
Ai, clarineta de prata!
Ai, noite úmida de lua...

Monólogo

Para onde vão minhas palavras,
se já não me escutas?
Para onde iriam, quando me escutavas?
E quando me escutaste? – Nunca.

Perdido, perdido. Ai, tudo foi perdido!
Eu e tu perdemos tudo.
Suplicávamos o infinito.
Só nos deram o mundo.

De um lado das águas, de um lado da morte,
tua sede brilhou nas águas escuras.
E hoje, que barca te socorre?
Que deus te abraça? Com que deus lutas?

Eu, nas sombras. Eu, pelas sombras,
com as minhas perguntas.
Para quê? Para quê? Rodas tontas,
em campos de areias longas
e de nuvens muitas.

Fantasma

Para onde vais, assim calado,
de olhos hirtos, quieto e deitado,
as mãos imóveis de cada lado?

Tua longa barca desliza
por não sei que onda, límpida e lisa,
sem leme, sem vela, sem brisa...

Passas por mim na órbita imensa
de uma secreta indiferença,
que qualquer pergunta dispensa.

Desapareces do lado oposto,
e, então, com súbito desgosto,
vejo que o teu rosto é o meu rosto,

e que vais levando contigo,
pelo silencioso perigo
dessa tua navegação,

minha voz na tua garganta,
e tanta cinza, tanta, tanta,
de mim, sobre o teu coração!

Panorama

Em cima, é a lua,
no meio, é a nuvem,
embaixo, é o mar.
Sem asa nenhuma,
sem vela nenhuma,
para me salvar.

Ao longe, são noites,
de perto, são noites,
quem se há de chamar?
Já dormiram todos,
não acordam outros...
Água. Vento. Luar.

O trilho da terra
para onde é que leva,
luz do meu olhar?
Que abismos aéreos
de reinos aéreos
para visitar!

Na beira do mundo,
do sono do mundo
me quero livrar.
E em cima – é a lua,
no meio – é a nuvem,
e embaixo – é o mar!

Da bela adormecida

1

(Há névoa)
Um beijo seria uma borboleta afogada em mármore.
Uma voz seria raiz perfurando cegueiras.
As paredes unificaram feitios e cores (Há névoa)
e mesmo as janelas abertas estão fechadas com arminhos
e as soleiras revestidas de musgos, liquens, pelúcias brancas.

E fundiram-se as montanhas (Há névoa), dissolveram-se no
[ar os mortos astros.
As areias povoaram-se de avestruzes, ursos-brancos,
[beduínos,
imóveis, sentados, esperando.

(Há névoa) Entre água e céu invisíveis,
suspendem-se os navios, desfigurados em ouro difuso.
E as árvores encanecem, numa inesperada velhice.
Se uma flor cair, não poderá dizer "Boa noite!" a nenhuma
[outra,
porque, de ramo a ramo, erram distâncias invencíveis.

É assim como entre nós. Figura sem rosto, caminhante do
[mundo.
(Há névoa)
Minhas palavras são folhas soltas no ar espesso,
indo e vindo à toa, olhando apenas para si mesmas.

No peso do ar fatigante, remam as minhas mãos e
[despedaçam-se.
É sempre longe, mais longe. É sempre e cada vez mais
[longe.
Oh! se existisse um limite!
(Há névoa)

Filtra-se por meus olhos a cinza da noite silenciosa.
Caminha pelo meu sangue com o passo pegajoso da sua
[vida acre.
Pousa em meu coração. Descansa. Adere à minha vida
[guardada.
(Há névoa)

E no entanto, em minha memória, ainda existe uma
[espécie de música!

2

Deve ser o meu rosto, que se reflete por todos os lados.
E, então, a doçura da noite, com seu plácido nível de
[aquário
entra em perturbação, e as coisas submersas temem
[perder-se.

Assustarão por acaso os meus braços? Não – porque
[embora paralelos
e imóveis, e com essa emoção das estátuas quebradas,
erguem as mãos em flor, pousam os pulsos no meu peito
como sobre um menino morto.
(Tudo mais é tranquilo assim:
cada recordação acorda suaves ritmos;
e a carne sonha ser pluma, e o sangue flui dormente de
[felicidade,
misturando ternuras de luar, transparências d'água,
metamorfoses de terra em aroma.)

É certo que se desprendem fantasmas: hirtos santos,
[parentes tristes,
homens desconhecidos, mulheres de longe, que
[esperaram ser amadas,
e outros ainda, que não são gente – e contemplam
[segundo a sua condição.

Mas quem ouve esse deslizar entre muros serenos?
Quem sente essa respiração mais fina e essa presença
[mais tênue
que a impalpável luz das estrelas?

Ah! só meu rosto, dentro da noite, produz, decerto,
[espanto imenso.
Ele, apenas, de olhos abertos, de ermo lábio,
criança apoiada nas nuvens, erguida em pontas de
[pés, preparando o salto dos tempos.

Todos esperariam que perguntasse; mas não pergunta.
(Responder também não responde.)
Então, a noite se faz imensamente triste, e há um
[desespero sobre a vida.

E não se sente mais o mundo, e a sombra ondula em
[formas instáveis,
onda partida com o vento, enlouquecendo e atraindo...

Espera-se, talvez, sobre o meu rosto um riso imenso.
Soltai os pássaros inúmeros, agitados e tontos,
dentro de impérios recém-abertos!

Mas, no romper das asas, falta céu, de repente.
E tudo para.

Itinerário

Primeiro, foram os verdes
e águas e pedras da tarde,
e meus sonhos de perder-te
e meus sonhos de encontrar-te...

Mas depois houve caminhos
pelas florestas lunares,
e, mortos em meus ouvidos,
mares brancos de palavras.

Achei lugares serenos
e aromas de fonte extinta.
Raízes fora do tempo,
com flores vivas ainda.

E eram flores encarnadas,
por cima das folhas verdes.
(Entre os espinhos de prata,
só meus sonhos de perder-te...)

Canção dos três barcos

Meu avô me deu três barcos:
um de rosas e cravos,
um de céus estrelados,
um de náufragos, náufragos...

ai, de náufragos!

Embarcara no primeiro,
dera em altos rochedos,
dera em mares de gelo,
e partira-se ao meio...

ai, no meio!

No segundo me embarcara,
e nem sombra de praia,
e nem corpo e nem alma,
e nem vida e nem nada...

ai, nem nada!

Embarcara no terceiro,
e que vela e que remo!
e que estrela e que vento!
e que porto sereno!

ai, sereno!

Meu avô me deu três barcos:
um de sonhos quebrados,
um de sonhos amargos,
e o de náufragos, náufragos!

ai, de náufragos!

Eco

Alta noite, o pobre animal aparece no morro, em
[silêncio.
O capim se inclina entre os errantes vaga-lumes;
pequenas asas de perfume saem de coisas invisíveis:
no chão, branco de lua, ele prega e desprega as patas,
[com sombra.

Prega, desprega e para.
Deve ser água, o que brilha como estrela, na terra
[plácida.
Serão joias perdidas, que a lua apanha em sua mão?
Ah!... não é isso...

E alta noite, pelo morro em silêncio, desce o pobre
[animal sozinho.

Em cima, vai ficando o céu. Tão grande. Claro. Liso.
Ao longe, desponta o mar, depois das areias espessas.
As casas fechadas esfriam, esfriam as folhas das
[árvores.
As pedras estão como muitos mortos: ao lado um do
[outro, mas estranhos.
E ele para, e vira a cabeça. E mira com seus olhos de
[homem.
Não é nada disso, porém...

Alta noite, diante do oceano, senta-se o animal, em
[silêncio.
Balançam-se as ondas negras. As cores do farol se
[alternam.
Não existe horizonte. A água se acaba em tênue
[espuma.

Não é isso! Não é isso!
Não é a água perdida, a lua andante, a areia exposta...
E o animal se levanta e ergue a cabeça, e late... late...

E o eco responde.

Sua orelha estremece. Seu coração se derrama na
[noite.
Ah! para aquele lado apressa o passo, em busca do
[eco.

Imagem

Meu coração tombou na vida
tal qual uma estrela ferida
pela flecha de um caçador.

Meu coração, feito de chama,
em lugar de sangue, derrama
um longo rio de esplendor.

Os caminhos do mundo, agora,
ficam semeados de aurora,
não sei o que germinarão.

Não sei que dias singulares
cobrirão as terras e os mares,
nascidos do meu coração.

Cantiguinha

Brota esta lágrima e cai.
Vem de mim, mas não é minha.
Percebe-se que caminha,
sem que se saiba aonde vai.

Parece angústia espremida
de meu negro coração,
– pelos meus olhos fugida
e quebrada em minha mão.

Mas é rio, mais profundo,
sem nascimento e sem fim,
que, atravessando este mundo,
passou por dentro de mim.

Roda de junho

A M. H. Vieira da Silva

Senhor São João,
me venha ajudar,
que as minhas mazelas
eu quero deixar,
e os reinos da terra
perder sem pesar!

No fogo do chão,
no fogo do ar,
queimei meus pecados
para lhe agradar!

O seu carneirinho
prometo enfeitar
com rosas de prata,
jasmins de luar,
servir-lhe de joelhos
bem doce manjar!

Em águas de rio,
em águas de mar,
Senhor São João,
me venha banhar!

A noite da festa
não deixe passar!
Não durma, Santinho,
no céu nem no altar!
Quem está padecendo
não pode esperar!

Rimance

Por que me destes um corpo,
se estava tão descansada,
nisso que é talvez o Todo,
mas parece tanto o Nada?

Desde então andei perdida,
pois meu corpo não bastava,
– meu corpo não me servia
senão para ser escrava...

De longe vinham guerreiros,
de longe vinham soldados.
Eu, com muitos ferimentos
e os meus dois braços atados...

Uma lágrima floria
no meio da sanha brava.
Era a voz da minha vida
que de longe vos chamava.

Que chamava e que dizia:
"Levai-me destas estradas,
que ando perdida e sozinha,
com as mãos inutilizadas!

Deixai-me estar onde quero,
no vosso doce regaço,
com o vosso coração perto
do meu, no mesmo compasso,

enquanto andam as estrelas
na curva dos seus bailados,
e ao longe nuvens e ventos
galopam, enamorados,

e o mar e a terra sombrios
sofrem no silente espaço,
porque os humanos suspiros
não vêm ao vosso regaço!"

Estas coisas vos dizia.
Estas coisas vos rogava.
Mas neste corpo prendida
minha alma continuava...

Deus dança

Seus curvos pés em movimento
eram luas crescentes de ouro
sobre nuvens correndo ao vento.

Como nos jogos malabares,
ele atirava o seu tesouro
e apanhava-o com as mãos nos ares...

Era o seu tesouro de estrelas,
de planetas, de mundos, de almas...
Ele atirava-o rindo pelas

imensidões sem horizonte:
tinha todo o espaço nas palmas
e o zodíaco em torno à fronte.

Eu o vi dançando, ardente e mudo,
a dança cósmica do Encanto.
Unicamente abismos, – tudo

quanto no seu cenário existe!
Que vale o que valia tanto?
Eu o vi dançando, e fiquei triste...

Despedida

Por mim, e por vós, e por mais aquilo
que está onde as outras coisas nunca estão,
deixo o mar bravo e o céu tranquilo:
quero solidão.

Meu caminho é sem marcos nem paisagens.
E como o conheces? – me perguntarão.
– Por não ter palavras, por não ter imagens.
Nenhum inimigo e nenhum irmão.

Que procuras? – Tudo. Que desejas? – Nada.
Viajo sozinha com o meu coração.
Não ando perdida, mas desencontrada.
Levo o meu rumo na minha mão.

A memória voou da minha fronte.
Voou meu amor, minha imaginação...
Talvez eu morra antes do horizonte.
Memória, amor e o resto onde estarão?

Deixo aqui meu corpo, entre o sol e a terra.
(Beijo-te, corpo meu, todo desilusão!
Estandarte triste de uma estranha guerra...)

Quero solidão.

Trabalhos da terra

A Gabriela Mistral

Lavradeira de ternuras,
trago o peito atormentado
pelas eternas securas
de tanto campo lavrado.

Não foi sol por demasia,
água pouca, nem mau vento;
foi mesmo da terra fria,
pobre de acontecimento.

Considerando os outonos,
mais valera ter dormido,
– que, nos sonhos dos meus sonos,
tenho plantado e colhido.

Para lavrar minha mágoa,
deram-me lande mais rica:
vem-me aos olhos nuvem d'água,
logo a canção frutifica.

Meu tempo mal-empregado
foi canção da vida inteira,
sabida por Deus, o arado
e o peito da lavradeira.

Amém

Hoje acabou-se-me a palavra,
e nenhuma lágrima vem.
Ai, se a vida se me acabara
também!

A profusão do mundo, imensa,
tem tudo, tudo – e nada tem.
Onde repousar a cabeça?
No além?

Fala-se com os homens, com os santos,
consigo, com Deus... E ninguém
entende o que se está contando
e a quem...

Mas terra e sol, luas e estrelas
giram de tal maneira bem
que a alma desanima de queixas.
Amém.

Narrativa

Andei buscando esse dia
pelos humildes caminhos
onde se escondem as coisas
que trazem felicidade:
os amuletos dos grilos
e os trevos de quatro folhas...
Só achei flor de saudade.

O arroio levava o tempo.
Ia meu sonho atrás da água.
No chão dormiam abertas
minhas duas mãos sem nada.
Se me chamavam de longe,
se me chamavam de perto,
era perdida, a chamada...

Viajei pelas estrelas,
dentro da rosa dos ventos.
Trouxe prata em meus cabelos,
pólen da noite sombria...
Mirei no meu coração,
vi os outros, vi meu sonho,
encontrei o que queria.

Já não mais desejo andanças;
tenho meu campo sereno,
com aquela felicidade
que em toda parte buscava.
O tempo fez-me paciente.
A lua, triste mas doce.
O mar, profunda, erma e brava.

Alucinação

Perguntei quem era.
Mas não respondia.
Sumiam-se as falas.
Cruzava por muros
de sombra e desgosto,
por salas e salas
de melancolia.

Perguntei: "Quem és?"
Mas não respondia.
De nuvens, de espuma,
de espuma, de areia,
me achava enrolada,
da cabeça aos pés.
Pelos corredores
sem luz e sem porta,
sem porta e sem termo,
não se via nada.
Mas, sobre as paredes,
numa frágil teia,
dormiam rumores,
de suspiro enfermo
por pessoa morta.
Perguntei quem era.
Mas não respondia.
E havia uma espera,
como, embaixo d'água,
no alargar das redes...
Suspirei: loucura!
E rochas de mágoa
estalavam fendas
por todos os lados,

dentro do meu peito.
E um pássaro enorme,
fugido de lendas,
com os olhos parados,
levava, levava,
meu sonho sem fala
para a sepultura,
como, para um leito,
um corpo que dorme.
Que suor ardente
de sangue e de lava
nos liquens e orvalhos!
Patas e centelhas
e rosas vermelhas
subindo nos galhos,
para a fria lua
no quarto crescente...
E, sobre meus passos,
teus olhos abertos,
inúteis e certos,
extintos e vivos,
e dentro da sua
larga claridade
o destino exposto:
– nos trigos comidos,
– na dor inocente,
– nos sonhos dormidos,
fundos, primitivos,
para eternamente...
E danças dançadas
dentro de cisternas,
sobre águas fechadas.
Vento de veludo
extinguindo as pernas
e o rumor de tudo...
Dos olhos caía
meu esquecimento
com o toque do vento.

Falavam. Porém
tão longe, tão brando,
quem era? em que dia?
Tudo isso passando
para outros impérios,
sem nada e ninguém.
Se havia um sorriso,
quem é que sorria?
Aquilo distante
era o paraíso?
Espiral de escadas...
Roda de navios...
Hélices cansadas...
E um correr de rios
levando consigo
noites, madrugadas,
ninhos, flores, crianças,
homens e mulheres
estreitadamente...

E as minhas lembranças
de novo perdidas,
e o meu sonho antigo
outra vez errante,
morto e decomposto...
Perguntei: "Que queres?"
Mas não respondia.
E, pela torrente,
seguia, seguia,
com todas as vidas,
o esquema do Rosto.
Verônica fria
de Deus ou de gente?

A amiga deixada

Antiga
cantiga
da amiga
deixada.

Musgo da piscina,
de uma água tão fina,
sobre a qual se inclina
a lua exilada.

Antiga
cantiga
da amiga
chamada.

Chegara tão perto!
Mas tinha, decerto,
seu rosto encoberto...
Cantava – mais nada.

Antiga
cantiga
da amiga
chegada.

Pérola caída
na praia da vida:
primeiro, perdida
e depois – quebrada.

Antiga
cantiga
da amiga
calada.

Partiu como vinha,
leve, alta, sozinha,
– giro de andorinha
na mão da alvorada.

Antiga
cantiga
da amiga
deixada.

A mulher e o seu menino

A Fernanda de Castro

Mulher de pedra,
que é do menino
que houve em teu doce
braço divino,
– nesse teu braço
que ainda está preso,
plácido e curvo,
à eterna ideia
de um vago peso?

"Vento do tempo
me estremeceu:
ele era pedra
da minha pedra,
mas nunca soube
se era bem meu.

Vento do tempo
passou por mim:
foi-se o menino,
deixou-me assim.
Foi sem palavras.
Tão pequenino,
que ia falar?
Talvez soubesse
para onde é que ia...
Eu não conheço
senão meu peito:
há outro lugar?

Têm vindo coisas:
não sei que são.
Coisas que cantam,
coisas que brilham.
Mas ele, não.
E era tão feito
só de ficar
que, embora longe,
sinto-o comigo:
meu braço é sempre
sua cadeira,
todo o meu corpo
seu espaldar."

Mulher de pedra,
que é do menino?

"Vento do tempo
quebrou meu seio
para o arrancar.
A mim, deixou-me.
A ele, levou-o.
(Há algum lugar?)

Desde o Princípio,
comigo vinha.
Meu Nascimento
nele nasceu.
Foi-se – por onde? –
tudo que eu tinha.

Ele era pedra
da minha pedra,
porém é certo
que nunca soube
se era bem meu..."

Oráculo

A Carlos Queiroz

Quieta coruja do bosque negro,
onde o azul-índigo e o verde-gaio?
Nos sete rios? No monte grego?
Ou na fenícia praia?

Agora, tarde. Mas, ontem, cedo.
Sonho: Citera. Rumo: Tessália.
Árvore exausta. Cansado remo.
Clássica luz de maio.

Ah! fuga antiga! Nas águas crespas,
oscilam juntos Políbio e Laio.
Sempre serpentes bebendo estrelas.
E um vento que desmaia.

Dança Eufrosina por cinzas tênues.
E a transparente sombra de Tália
move na areia seus vãos desenhos.
– Só nas nuvens Aglaia!

Cronologia

1901

A 7 de novembro, nasce Cecília Benevides de Carvalho Meirelles, no Rio de Janeiro. Seus pais, Carlos Alberto de Carvalho Meirelles (falecido três meses antes do nascimento da filha) e Mathilde Benevides. Dos quatro filhos do casal, apenas Cecília sobrevive.

1904

Com a morte da mãe, passa a ser criada pela avó materna, Jacintha Garcia Benevides.

1910

Conclui com distinção o curso primário na Escola Estácio de Sá.

1912

Conclui com distinção o curso médio na Escola Estácio de Sá, premiada com medalha de ouro recebida no ano seguinte das mãos de Olavo Bilac, então inspetor escolar do Distrito.

1917

Formada pela Escola Normal (Instituto de Educação), começa a exercer o magistério primário em escolas oficiais do antigo Distrito Federal. Estuda línguas e em seguida ingressa no Conservatório de Música.

1919

Publica o primeiro livro, *Espectros*.

1922

Casa-se com o artista plástico português Fernando Correia Dias.

1923

Publica *Nunca mais... e poema dos poemas*. Nasce sua filha Maria Elvira.

1924

Publica o livro didático *Criança meu amor*. Nasce sua filha Maria Mathilde.

1925

Publica *Baladas para El-Rei*. Nasce sua filha Maria Fernanda.

1927

Aproxima-se do grupo modernista que se congrega em torno da revista *Festa*.

1929

Publica a tese *O espírito vitorioso*. Começa a escrever crônicas para *O Jornal*, do Rio de Janeiro.

1930

Publica o ensaio *Saudação à menina de Portugal*. Participa ativamente do movimento de reformas do ensino e dirige, no *Diário de Notícias*, página diária dedicada a assuntos de educação (até 1933).

1934

Publica o livro *Leituras infantis*, resultado de uma pesquisa pedagógica. Cria uma biblioteca (pioneira no país) especializada em literatura infantil, no antigo Pavilhão Mourisco, na praia de Botafogo. Viaja a Portugal, onde faz conferências nas Universidades de Lisboa e Coimbra.

1935

Publica em Portugal os ensaios *Notícia da poesia brasileira* e *Batuque, samba e macumba*.
Morre Fernando Correia Dias.

1936

Trabalha no Departamento de Imprensa e Propaganda, onde dirige a revista *Travel in Brazil*. Nomeada professora de literatura luso-brasileira e mais tarde técnica e crítica literária da recém-criada Universidade do Distrito Federal, na qual permanece até 1938.

1937

Publica o livro infantojuvenil *A festa das letras*, em parceria com Josué de Castro.

1938

Publica o livro didático *Rute e Alberto resolveram ser turistas*. Conquista o prêmio Olavo Bilac de poesia da Academia Brasileira de Letras com o inédito *Viagem*.

1939

Em Lisboa, publica *Viagem*, quando adota o sobrenome literário Meireles, sem o *l* dobrado.

1940

Leciona Literatura e Cultura Brasileiras na Universidade do Texas, Estados Unidos. Profere no México conferências sobre literatura, folclore e educação.
Casa-se com o agrônomo Heitor Vinicius da Silveira Grillo.

1941

Começa a escrever crônicas para *A Manhã*, do Rio de Janeiro.

1942

Publica *Vaga música*.

1944

Publica a antologia *Poetas novos de Portugal*. Viaja para o Uruguai e a Argentina. Começa a escrever crônicas para a *Folha Carioca* e o *Correio Paulistano*.

1945

Publica *Mar absoluto e outros poemas* e, em Boston, o livro didático *Rute e Alberto*.

1947

Publica em Montevidéu *Antologia poética (1923--1945)*.

1948

Publica em Portugal *Evocação lírica de Lisboa*. Passa a colaborar com a Comissão Nacional do Folclore.

1949

Publica *Retrato natural* e a biografia *Rui: pequena história de uma grande vida*. Começa a escrever crônicas para a *Folha da Manhã*, de São Paulo.

1951

Publica *Amor em Leonoreta*, em edição fora de comércio, e o livro de ensaios *Problemas da literatura infantil*.
Secretaria o Primeiro Congresso Nacional de Folclore.

1952

Publica *Doze noturnos da Holanda & O aeronauta* e o ensaio "Artes populares" no volume em coautoria *As artes plásticas no Brasil*. Recebe o título de Doutora *Honoris Causa* da Universidade de Délhi, na Índia, e o Grau de Oficial da Ordem do Mérito, no Chile.

1953

Publica *Romanceiro da Inconfidência* e, em Haia, *Poèmes*. Começa a escrever para o suplemento literário do *Diário de Notícias*, do Rio de Janeiro, e para *O Estado de S. Paulo*.

1953-1954

Viaja para a Europa, Açores, Índia e Goa.

1955

Publica *Pequeno oratório de Santa Clara, Pistoia, cemitério militar brasileiro e Espelho cego*, em edições fora de comércio, e, em Portugal, o ensaio *Panorama folclórico dos Açores: especialmente da Ilha de S. Miguel*.

1956

Publica *Canções e Giroflê, giroflá*.

1957

Publica *Romance de Santa Cecília* e *A rosa*, em edições fora de comércio, e o ensaio *A Bíblia na poesia brasileira*. Viaja para Porto Rico.

1958

Publica *Obra poética* (poesia completa). Viaja para Israel, Grécia e Itália.

1959

Publica *Eternidade de Israel*.

1960

Publica *Metal rosicler*.

1961

Publica *Poemas escritos na Índia* e, em Nova Délhi, *Tagore and Brazil*.
Começa a escrever crônicas para o programa *Quadrante*, da Rádio Ministério da Educação e Cultura.

1962

Publica a antologia *Poesia de Israel*.

1963

Publica *Solombra* e *Antologia poética*. Começa a escrever crônicas para o programa *Vozes da cidade*, da Rádio Roquette Pinto, e para a *Folha de S.Paulo*.

1964

Publica o livro infantojuvenil *Ou isto ou aquilo*, com ilustrações de Maria Bonomi, e o livro de crônicas *Escolha o seu sonho*.
Falece a 9 de novembro, no Rio de Janeiro.

1965

Conquista, postumamente, o Prêmio Machado de Assis da Academia Brasileira de Letras, pelo conjunto de sua obra.

Bibliografia básica sobre Cecília Meireles

ANDRADE, Mário de. Cecília e a poesia. In: _____. *O empalhador de passarinho*. São Paulo: Martins, [1946].

_____. Viagem. In: _____. *O empalhador de passarinho*. São Paulo: Martins, [1946].

AZEVEDO FILHO, Leodegário A. de (Org.). Cecília Meireles. In: _____. *Poetas do modernismo:* antologia crítica. Brasília: Instituto Nacional do Livro, 1972. v. 4.

_____. *Poesia e estilo de Cecília Meireles:* a pastora de nuvens. Rio de Janeiro: José Olympio, 1970.

_____. *Três poetas de* Festa: Tasso, Murillo e Cecília. Rio de Janeiro: Padrão, 1980.

BANDEIRA, Manuel. *Apresentação da poesia brasileira*. São Paulo: Cosac Naify, 2009.

BERABA, Ana Luiza. *América aracnídea:* teias culturais interamericanas. Rio de Janeiro: Civilização Brasileira, 2008.

BONAPACE, Adolphina Portella. *O Romanceiro da Inconfidência:* meditação sobre o destino do homem. Rio de Janeiro: Livraria São José, 1974.

BOSI, Alfredo. Em torno da poesia de Cecília Meireles. In: _____. *Céu, inferno:* ensaios de crítica literária e ideológica. São Paulo: Duas Cidades/Editora 34, 2003.

BRITO, Mário da Silva. Cecília Meireles. In: _____. *Poesia do Modernismo.* Rio de Janeiro: Civilização Brasileira, 1968.

CANDIDO DE MELLO E SOUZA, Antonio; CASTELLO, José Aderaldo (Orgs.). *Cecília Meireles. Presença da literatura brasileira 3:* Modernismo. 2. ed. São Paulo: Difusão Europeia do Livro, 1967.

CARPEAUX, Otto Maria. Poesia intemporal. In: _____. *Ensaios reunidos:* 1942-1978. Rio de Janeiro: UniverCidade/Topbooks, 1999.

CASTELLO, José Aderaldo. O Grupo Festa. In: _____. *A literatura brasileira:* origens e unidade. São Paulo: Edusp, 1999. v. 2.

CASTRO, Marcos de. Bandeira, Drummond, Cecília, os contemporâneos. In: _____. *Caminho para a leitura.* Rio de Janeiro: Record, 2005.

CAVALIERI, Ruth Villela. *Cecília Meireles:* o ser e o tempo na imagem refletida. Rio de Janeiro: Achiamé, 1984.

COELHO, Nelly Novaes. Cecília Meireles. In: _____. *Dicionário crítico da literatura infantil e juvenil brasileira.* São Paulo: Nacional, 2006.

_____. Cecília Meireles. In: _____. *Dicionário crítico de escritoras brasileiras:* 1711-2001. São Paulo: Escrituras, 2002.

_____. O "eterno instante" na poesia de Cecília Meireles. In: _____. *Tempo, solidão e morte.* São Paulo: Conselho Estadual de Cultura/Comissão e Literatura, 1964.

CORREIA, Roberto Alvim. Cecília Meireles. In: _____. *Anteu e a crítica:* ensaios literários. Rio de Janeiro: José Olympio, 1948.

DAMASCENO, Darcy. *Cecília Meireles:* o mundo contemplado. Rio de Janeiro: Orfeu, 1967.

_____. *De Gregório a Cecília*. Organização de Antonio Carlos Secchin e Iracilda Damasceno. Rio de Janeiro: Galo Branco, 2007.

DANTAS, José Maria de Souza. *A consciência poética de uma viagem sem fim:* a poética de Cecília Meireles. Rio de Janeiro: Eu & Você, 1984.

FAUSTINO, Mário. O livro por dentro. In: _____. *De Anchieta aos concretos*. Organização de Maria Eugênia Boaventura. São Paulo: Companhia das Letras, 2003.

FONTELES, Graça Roriz. *Cecília Meireles:* lirismo e religiosidade. São Paulo: Scortecci, 2010.

GENS, Rosa (Org.). *Cecília Meireles:* o desenho da vida. Rio de Janeiro: Setor Cultural/Núcleo Interdisciplinar de Estudos da Mulher na Literatura/UFRJ, 2002.

GOLDSTEIN, Norma Seltzer. *Roteiro de leitura: Romanceiro da Inconfidência* de Cecília Meireles. São Paulo: Ática, 1988.

GOUVÊA, Leila V. B. *Cecília em Portugal:* ensaio biográfico sobre a presença de Cecília Meireles na terra de Camões, Antero e Pessoa. São Paulo: Iluminuras, 2001.

_____ (Org.). *Ensaios sobre Cecília Meireles*. São Paulo: Humanitas/Fapesp, 2007.

_____. *Pensamento e "lirismo puro" na poesia de Cecília Meireles*. São Paulo: Edusp, 2008.

GOUVEIA, Margarida Maia. *Cecília Meireles:* uma poética do "eterno instante". Lisboa: Imprensa Nacional/Casa da Moeda, 2002.

LAMEGO, Valéria. *A farpa na lira:* Cecília Meireles na Revolução de 30. Rio de Janeiro: Record, 1996.

LINHARES, Temístocles. Revisão de Cecília Meireles. In: _____. *Diálogos sobre a poesia brasileira.* São Paulo: Melhoramentos, 1976.

LÔBO, Yolanda. *Cecília Meireles.* Recife: Massangana/Fundação Joaquim Nabuco, 2010.

MANNA, Lúcia Helena Sgaraglia. *Pelas trilhas do Romanceiro da Inconfidência.* Niterói: EDUFF, 1985.

MARTINS, Wilson. Lutas literárias (?). In: _____. *O ano literário:* 2002-2003. Rio de Janeiro: Topbooks, 2007.

MELLO, Ana Maria Lisboa de (Org.). *A poesia metafísica no Brasil:* percursos e modulações. Porto Alegre: Libretos, 2009.

_____; UTÉZA, Francis. *Oriente e ocidente na poesia de Cecília Meireles.* Porto Alegre: Libretos, 2006.

MILLIET, Sérgio. *Panorama da moderna poesia brasileira.* Rio de Janeiro: Ministério da Educação e Saúde/Serviço de Documentação, 1952.

MOISÉS, Massaud. Cecília Meireles. In: _____. *História da literatura brasileira:* Modernismo. São Paulo: Cultrix, 1989.

MONTEIRO, Adolfo Casais. Cecília Meireles. In: _____. *Figuras e problemas da literatura brasileira contemporânea.* São Paulo: Instituto de Estudos Brasileiros, 1972.

MORAES, Vinicius de. Suave amiga. In: _____. *Para uma menina com uma flor.* Rio de Janeiro: Editora do Autor, 1966.

MOREIRA, Maria Edinara Leão. *Estética e transcendência em O estudante empírico, de Cecília Meireles.* Passo Fundo: Editora da Universidade de Passo Fundo, 2007.

MURICY, Andrade. Cecília Meireles. In: _____. *A nova literatura brasileira:* crítica e antologia. Porto Alegre: Globo, 1936.

_____. Cecília Meireles. In: _____. *Panorama do movimento simbolista brasileiro.* 2. ed. Brasília: Conselho Federal de Cultura/Instituto Nacional do Livro, 1973. v. 2.

NEJAR, Carlos. Cecília Meireles – da fidência à Inconfidência Mineira, do *Metal rosicler* à *Solomba.* In: _____. *História da literatura brasileira:* da carta de Caminha aos contemporâneos. São Paulo: Leya, 2011.

NEMÉSIO, Vitorino. A poesia de Cecília Meireles. In: _____. *Conhecimento de poesia.* Salvador: Progresso, 1958.

NEVES, Margarida de Souza; LÔBO, Yolanda Lima; MIGNOT, Ana Chrystina Venancio (Orgs.). *Cecília Meireles:* a poética da educação. Rio de Janeiro: PUC; São Paulo: Loyola, 2001.

OLIVEIRA, Ana Maria Domingues de. *Estudo crítico da bibliografia sobre Cecília Meireles.* São Paulo: Humanitas/USP, 2001.

PAES, José Paulo. Poesia nas alturas. In: _____. *Os perigos da poesia e outros ensaios.* Rio de Janeiro: Topbooks, 1997.

PARAENSE, Sílvia. *Cecília Meireles:* mito e poesia. Santa Maria: UFSM, 1999.

PICCHIO, Luciana Stegagno. A poesia atemporal de Cecília Meireles, "pastora das nuvens". In: _____. *História da literatura brasileira.* Rio de Janeiro: Nova Aguilar, 1997.

PÓLVORA, Hélio. Caminhos da poesia: Cecília. In: _____. *Graciliano, Machado, Drummond & outros*. Rio de Janeiro: Francisco Alves, 1975.

RAMOS, Péricles Eugênio da Silva. Solombra. In: _____. *Do barroco ao modernismo*: estudos de poesia brasileira. 2. ed. revista e aumentada, Rio de Janeiro: Livros Técnicos e Científicos, 1979.

RICARDO, Cassiano. *A Academia e a poesia moderna*. São Paulo: Revista dos Tribunais, 1939.

RÓNAI, Paulo. O conceito de beleza em *Mar absoluto*. In: _____. *Encontros com o Brasil*. 2. ed. Rio de Janeiro: Batel, 2009.

_____. Uma impressão sobre a poesia de Cecília Meireles. In: _____. *Encontros com o Brasil*. 2. ed. Rio de Janeiro: Batel, 2009.

SADLIER, Darlene J. *Cecília Meireles & João Alphonsus*. Brasília: André Quicé, 1984.

SECCHIN, Antonio Carlos. Cecília: a incessante canção. In: _____. *Escritos sobre poesia & alguma ficção*. Rio de Janeiro: EdUERJ, 2003.

_____. Cecília Meireles e os *Poemas escritos na Índia*. In: _____. *Memórias de um leitor de poesia & outros ensaios*. Rio de Janeiro: Topbooks/Academia Brasileira de Letras, 2010.

_____. O enigma Cecília Meireles. In: _____. *Memórias de um leitor de poesia & outros ensaios*. Rio de Janeiro: Topbooks/Academia Brasileira de Letras, 2010.

SIMÕES, João Gaspar. Cecília Meireles: *Metal rosicler*. In: _____. *Crítica II*: poetas contemporâneos (1946--1961). Lisboa: Delfos, [1961].

_____. Fonética e poesia ou o *Retrato natural* de Cecília Meireles. In: _____. *Literatura, literatura, literatura...*: de Sá de Miranda ao concretismo brasileiro. Lisboa: Portugália, 1964.

VERISSIMO, Erico. Entre Deus e os oprimidos. In: _____. *Breve história da literatura brasileira.* São Paulo: Globo, 1995.

VILLAÇA, Antonio Carlos. Cecília Meireles: a eternidade entre os dedos. In: _____. *Tema e voltas.* Rio de Janeiro: Hachette, 1975.

YUNES, Eliana; BINGEMER, Maria Clara L. (Orgs.). *Murilo, Cecília e Drummond:* 100 anos com Deus na poesia brasileira. Rio de Janeiro: Pontifícia Universidade Católica; São Paulo: Loyola, 2004.

ZAGURY, Eliane. *Cecília Meireles.* Petrópolis: Vozes, 1973.

Índice de primeiros versos

A serviço da Vida fui, ... 28

A vida só é possível 122

Acostumei minhas mãos 83

Adeus, ... 69

Adormeço em ti minha vida, ... 64

Agora, o cheiro áspero das flores 42

Alta noite, lua quieta, ... 49

Alta noite, o pobre animal aparece no morro, em silêncio. 136

Amanheceu pela terra 55

Andei buscando esse dia 147

Ando à procura de espaço 31

Antes que o sol se vá, ... 96

Antiga 151

As palavras estão muito ditas 100

Brota esta lágrima e cai. 139

Caminho do campo verde, ... 105

(Campo perdido. 27

Canta o meu nome agreste, ... 70

Chão verde e mole. Cheiros de selva. Babas de lodo. 54

Chorinho de clarineta, ... 126

Cigarra de ouro, fogo que arde, ... 110

Coisa que passas, como é teu nome? 58

Como eu preciso de campo, ... 95

Como pequena flor que recebeu uma chuva enorme 77

Conservo-te o meu sorriso 76

Corpo mártir, conheço o teu mérito obscuro: 57

Das tuas águas tão verdes 38

De que onda sai tua voz, ... 61

De um lado, a eterna estrela, ... 32

Deixaram meu rosto 120

Desejo uma fotografia 111

Dia claro, ... 98

Disseram que ele não vinha: 118

Do lado de oeste, ... 30

Do trigo semeado, da fonte bebida, ... 50

Doce peso 125

Ela estava ali sentada, ... 90

Em cima, é a lua, ... 129

Entre o desenho do meu rosto 37

Esta é a dos cabelos louros 26

Foram montanhas? foram mares? 93

Frágil ponte: 65

(Há névoa) 130

Hoje acabou-se-me a palavra, ... 146

Inglesinha de olhos tênues, ... 113

Lavradeira de ternuras, ... 145

Menino, não morras, ... 74

Meu avô me deu três barcos: 134

Meu coração tombou na vida 138

Meus olhos andam sem sono, ... 44

Meus ouvidos estão como as conchas sonoras: 24

Meus pés, minhas mãos, ... 41

Minha família anda longe, ... 78

Minha ternura nas pedras 123

Muitas velas. Muitos remos. 23

Mulher de pedra, ... 153

Na quermesse da miséria, ... 112

Não há quem não se espante, quando 81

Narciso, foste caluniado pelos homens, ... 94

Nesse caminho de Alcobaça, ... 101

No mistério do Sem-Fim, ... 60

No perfume dos meus dedos, ... 35

O denso lago e a terra de ouro: 48

O mar o convalescente mira. 63

O meu amor não tem 43

O pensamento é triste; o amor, insuficiente; 117

O ritmo em que gemo 21

Oh! "El Charro" com seus *sarapes*, ... 103

Olival de prata, ... 84

Os peixes de prata ficaram perdidos, ... 25

Para onde vais, assim calado, ... 128

Para onde vão minhas palavras, ... 127

Parei as águas do meu sonho 46

Passam anjos com espadas de silêncio 108

Pássaro da lua, ... 62

Perguntei quem era. 148

Perto da tua sepultura, ... 121

Por aqui vou sem programa, ... 40

Por causa do teu chapéu, ... 71

Por mim, e por vós, e por mais aquilo 144

Por que desejar libertar-me, ... 53

Por que me destes um corpo, ... 141

Primeiro, foram os verdes 133

Pus-me a cantar minha pena. 47

Que a voz adormeça 51

Quem desce ao adormecimento 67

Quieta coruja do bosque negro, ... 155

Se amanhã perder o meu corpo, ... 73

Se o amor ainda medrasse, ... 68

Se te perguntarem quem era 22

Sempre que me vou embora 52

Senhor São João, ... 140

Seus curvos pés em movimento 143

Sobre o campo verde, ... 109

Sombra que passas, eu sei que és sombra, ... 107

Sopra, vento, sopra, vento, ... 29

Sou Nabucodonosor 80

Tenho fases, como a lua. 124

Teu rosto passava, teu nome corria 34

Tuas palavras antigas 92

Tudo vai e vem. 86